GÜTERSDIE
LOHERVISION
VERLAGSEINER
HAUSNEUENWELT

Michael Schacht

100 Tage

Das Sterben
meines Vaters

GÜTERSDIE
LOHERVISION
VERLAGSEINER
HAUSNEUENWELT

PROLOG

Ich sagte: »Ich mag meinen Vater eigentlich nicht.«
Julia sagte: »Puh. Das kannst Du einfach so sagen?«
Ich sagte: »Ja, wieso? Wir kennen uns ja schon ein paar Jahre.«
Ich sitze im ICE von Hamburg nach Berlin, sage diesen wahrscheinlich für viele Menschen sehr ungewöhnlichen Satz und wundere mich, dass sich Julia, die mir gegenübersitzt, über meine Worte erschreckt. Nur wenige Wochen später werde ich mich sehr erschrecken – über das vielleicht größte Trauma meines bisherigen Lebens. Der Anfang vom Ende des Lebens meines Vaters und schließlich sein Tod.
Es ist Sommer 2015. Ich bin dabei, mich im Hamsterrad des Alltags selbst zu überholen. Ich denke – wenn überhaupt – nur sehr wenig an mich, an andere noch weniger und an meinen Vater wahrscheinlich am allerwenigsten. Das war die letzten Jahre schon so und wird sich wohl auch nicht mehr ändern. Lange wollte ich mit meinem Vater so wenig Zeit wie möglich verbringen. Lange interessierten wir uns wie so viele Söhne und Väter nicht wirklich füreinander. Wir hatten so etwas wie eine emotionslose Ko-Existenz. Doch die Diagnose, dass sein Leben sehr bald sehr tragisch enden wird, zwang mich dazu, mein Leben, sein Leben, unser Leben radikal zu überdenken. Kann man aus einer schlechten Vergangenheit eine gute Zukunft oder zumindest eine gute Gegenwart formen? Die Gefühle füreinander ändern? Lassen sich die eigenen Eitelkeiten, die Kränkungen und Verletzungen ignorieren, obwohl sie doch so stark sind? Erlaubt einem das Leben einen Neustart auch dann noch, wenn es eigentlich schon fast vorbei ist?

Ich hätte sehr lange jede dieser Fragen mit einem lauten Nein beantwortet. Doch das langsame Sterben und der schnelle Tod meines Vaters, das Abschiednehmen von ihm, haben mein Leben über Nacht auf den Kopf gestellt.
Ich sage: »Ich mochte ihn eigentlich doch.«

Das ist meine, das ist unsere Geschichte.

100

30. Januar 2016. Der Arzt sagt: »Ihrem Vater bleiben noch 100 Tage. Einer von Hunderttausend Patienten überlebt vielleicht länger. Rechnen Sie damit, dass er den Sommer nicht mehr erleben wird.«

Ich sage nichts. Schlucke nur.

Es sind drei Sätze, die sitzen. So muss ertrinken sein. Da ist sie, die Realität. Der Tod, er klopft nicht an die Gartenpforte, er hat bereits die Haustür eingetreten. Der Tod sucht meinen Vater, weil er ihn aus unserem Leben reißen will. Mein Vater ist ab heute seine Beute. Mein Vater ist jetzt angezählt. 100 Tage.

Ich lasse mir nichts anmerken, aber zum ersten Mal, seitdem mein Vater vor einem halben Jahr an Lungenkrebs erkrankt ist, weiß ich wirklich nicht, was ich sagen soll. 100 Tage Restlebenszeit? Drei Monate und eine Woche? 2.400 Stunden? Das klingt nach nichts, so endgültig und auch so eindeutig. Ich weiß, dass mein Vater sterben wird. Aber so schnell? So real? So hoffnungslos? Und weiß er es auch? Will er es überhaupt wissen, oder will er seinen Tod ignorieren? Wie schon so vieles im Leben.

Alles, was nicht in sein Weltbild passte, gab es für ihn nicht. Einerseits eine große Kunst und für ihn wohl seine einzige Chance, ohne sichtbare Schrammen durchs Leben zu gehen. Andererseits war genau diese Eigenschaft für all seine Mitmenschen oft schwer zu ertragen, vor allem für mich. Doch einfach alles zu ignorieren, das geht jetzt für mich nicht mehr. Ich muss mich dem Tod stellen.

Mein Vater steht kurz vor seinem achtzigsten Geburtstag, doch merklich älter geworden ist er bislang nicht. Seine Jahre zwischen fünfundvierzig und jetzt, also die,

die ich mehr oder weniger bewusst erlebt habe, waren irgendwie alle gleich. Wahrscheinlich hat mein Vater das Älterwerden einfach auch ignoriert.
Okay, seine Haare sind weniger und grauer, die Augenbrauen und die Ohren länger und die Abstände der nächtlichen Toilettengänge kürzer. Trotzdem stand er noch vor kurzem mit der Bohrmaschine auf der Leiter in meiner Wohnung oder fuhr fünfzig Kilometer lange Touren mit dem Rad – mit Fersensporn, aber ohne Pause.
Alt wird mein Vater also nicht, dafür über Nacht zum Tode verurteilt.
Der Krebs wurde durch einen Zufall entdeckt. Dass sich dieser traurige Zufall für mich im Rückblick als großes Glück herausstellen sollte, wusste ich zum Zeitpunkt dieser unumkehrbaren Diagnose ebenfalls noch nicht.
Mein erster Impuls bei der Erstdiagnose: Metastasierender Lungenkrebs – das ist ein Todesurteil für meinen Vater. Ich sollte Recht behalten. Das wusste ich damals nur noch nicht. Wahrscheinlich ist es die Berufskrankheit eines Journalisten, sofort zu googeln, was so eine Diagnose bedeutet.
Ein frühes Stadium bedeutet heilbar oder zumindest kontrollierbar. Ein fortgeschrittenes Stadium bedeutet fast immer den Tod, mal schneller, mal langsamer. Meist schneller. Ich las nächtelang über Tumorgrößen, Behandlungsmethoden und Krankheitsverläufe. Ich tat alles, was man in solch einer Situation besser nicht tun sollte, weil jeder Laie dann ziemlich schnell an seine emotionalen Grenzen kommt.
Der Krebs hat meinen Vater gezeichnet. Ihm einen Finger genommen, einen Teil seiner Lunge und seine Geschwindigkeit. Der Krebs bedroht seinen Zeh, seine Nebenniere, seine Wirbelsäule und seine Rippen. Er ist zurück in seiner Lunge. Und ob in seinem Gehirn

wirklich keine Metastasen mehr wachsen werden, ist ungewiss.
Besiegen konnte der Krebs bislang noch nicht seine Würde und seinen Stolz. Seine Augen sind wach und wenn er uns zum Lachen bringen will, dann wackelt er mit den Ohren. Er tut das oft. Und er ist meines Wissens der einzige in der ganzen Familie, der das kann – und wird es wohl auch bleiben.
Mein Vater geht alleine. Er isst alleine. Er hat – wie immer – seinen eigenen Willen. Doch wie lange noch? Frisst der Krebs ihn bei vollem Bewusstsein auf? Oder streckt er ihn mit einem Schlag nieder? Ich wünsche mir Letzteres. Nur bitte nicht so schnell. Ich möchte noch so viel mit ihm bereden. Werden 100 Tage ausreichen?

99

Meine Mutter hat Geburtstag. Es ist ihr achtundsechzigster und vielleicht der bislang traurigste ihres Lebens. Wie wird der nächste sein, wenn mein Vater nicht mehr lebt? Ich möchte nicht daran denken.
Es dauert lange, bis mein Vater die Geburtstagskarte unterschreiben kann. Wir hatten vorher besprochen, dass ich für ihn ein Geschenk besorge und natürlich Blumen. Er selbst kann es ja nicht mehr. Die Karte schreiben wir gemeinsam. Also – ich schreibe, er stimmt zu.
Ich versuche, nicht zu weinen, als ich für meinen Vater und mich schreibe. Bis er endlich unterschreiben kann, vergeht viel Zeit, zehn Minuten vielleicht. Seine rechte Hand zittert so stark und es fehlt ja ein Finger. Seine Schrift ist klein und schwach, ganz anders als früher, aber er will unbedingt selbst unterschreiben. Zwischen-

durch kommt meine Mutter immer wieder ins Wohnzimmer.
Sie fragt: »Was heckt Ihr denn da aus?«
Es ist ein wenig wie früher zu Weihnachten, nur, dass uns gar nicht zum Feiern zu Mute ist.
Ich sage: »Nichts, gar nichts ...«
Nach einer gefühlten Ewigkeit hat mein Vater auf der Karte unterschrieben. Er wirkt erschöpft, aber glücklich, dass er es noch einmal geschafft hat.
Es ist der Kampf um ein wenig Land, obwohl mein Vater die alles entscheidende Schlacht schon verloren hat. Auf der Landkarte seines Körpers hat der Krebs wohl schon die Territorialhoheit erobert.
Als meine Mutter die Geburtstagskarte später liest, weint sie. Wir schenken ihr einen Einkaufsgutschein, denn auch sie hat in den letzten Wochen das Haus kaum verlassen. Konkret schenkt sie sich ihr halbes Geschenk selbst, mein Vater hat kein Bargeld mehr, deshalb gibt sie mir rasch die halbe Summe zurück. Aber sie freut sich trotzdem.
Meine Mutter hat darauf bestanden, ihr Geschenk nicht vor allen anderen Gästen öffnen zu müssen. Manchmal ist es offenbar leichter, so zu tun, als sei alles gut, obwohl es ganz und gar nicht gut ist.
»Auch, wenn in diesem Jahr alles anders ist, wünschen wir Dir trotzdem einen schönen Tag«, habe ich für Papa und mich geschrieben.
Meinem Vater läuft eine Träne die Wange herunter. Noch bevor er sie stoppen kann, landet sie auf seinem Ledersessel. Über drei Jahrzehnte lang hätte ich vehement bestritten, dass mein Vater überhaupt zu Gefühlsausbrüchen in der Lage sei, geschweige denn weinen könne. Doch jetzt, wo der Tod naht, überrascht er mich immer wieder.

Mein Vater beruhigt sich nach zwei Zigaretten. Zwei hintereinander. Meine Mutter guckt etwas streng, aber lässt ihn gewähren. Wieso auch nicht. Ja, die Zigaretten haben ihn krankgemacht. Die Soft-Box-Schachtel »Camel« ohne Filter in der linken Brusttasche seiner Hemden ist eine meiner frühesten Erinnerungen. Die Zigaretten im Auto, die in der Küche. Der Geruch von kaltem Rauch und Tabak. Ich kann nicht behaupten, dass ich diesen Geruch als Kind annähernd so unangenehm empfunden habe, wie ich es heute tue. Er war mein Vater und der roch nun einmal so, wie er roch.
Meine Mutter und ich lassen ihm seine Droge. Mein Bruder, mein Onkel und meine Tante rümpfen – wenn es ums Rauchen geht – bei jeder Gelegenheit die Nase. Nicht nur, weil es riecht.
Meine Mutter fragt: »Soll ich es ihm verbieten?«
Mein Vater sagt: »Jetzt ist doch sowieso alles egal.«
Nachmittags, als die Familie zu Besuch ist, raucht er selbstverständlich nicht, jedenfalls nicht vor den Augen der Anderen. Wir sitzen wie immer an einer gedeckten Tafel, essen Kuchen. Mein Vater isst seinen Kuchen mit etwas zu viel Sahne. Es ist fast wie früher und doch ist er gar nicht so.
Mein Vater hört uns zu, er guckt uns an und ist doch seltsam teilnahmslos. Verzögert. Verlangsamt. So, als würde er träumen. Als wären wir, die Gesunden, nicht real. Doch sein vermeintlicher Traum wird für uns alle zum andauernden Alptraum. Ist er noch unter uns? Oder hat er sich schon verabschiedet? Seine Augen sind langsam, blicken manchmal ziellos in der Ferne.
Als er zur Toilette schleicht, nutze ich die Gelegenheit, meiner Familie eindringlich von der 100-Tage-Diagnose zu berichten, die ich vor einem Tag erhielt. Ich halte es für sinnvoll, das möglichst schnörkellos und direkt zu tun.

Ich sage: »Uns läuft die Zeit weg.«
Alle gucken mich ungläubig, fast irritiert an. »Der Überbringer schlechter Nachrichten wird erschossen«, sagt mein guter Freund Daniel immer. Und in diesem Moment fühle ich mich, als seien sechs Gewehrläufe direkt auf mich gerichtet.
Egal, ich spreche weiter. Sie müssen es wissen. Ich appelliere an meine Familie, dass niemand zögern solle, die Dinge zu tun, die er oder sie immer schon mit meinem Vater tun wollte, bevor es zu spät ist. Und es wird bald zu spät sein. Mein Onkel, der sonst nie um ein Wort verlegen ist, verstummt. Auch seine Augen sind plötzlich feucht. Unser Nachbar nimmt einen großen Schluck Bier und lässt sich einen Wodka nachschenken.
Mein Bruder sagt: »Dann fahre ich eben mit ihm in die Schweiz …«
Er meint zum Sterben. Zur Sterbehilfe. Mein Bruder, der Vordenker. Mein Bruder, der Fachmann fürs Leben. Ich will schreien, tue es aber nicht.
Ich sage: »Ich habe kein Problem mit einem assistierten Suizid, aber ich glaube, der Wunsch muss von dem Betroffenen selbst kommen. Willst Du Papa sagen, dass Du ihn ans Ende des Tunnels fährst, oder soll ich es besser tun?«
Mein Bruder sagt nichts mehr – und das ist auch besser so.
Als mein Vater von der Toilette zurückkommt, tun alle so, als sei nichts gewesen. Mein Vater hat ganz offensichtlich auch keinen Zweifel daran. Er wackelt mit den Ohren und alle lachen. Er sieht nicht, dass viele von uns feuchte Augen haben. Und falls doch, überspielt er es mit seinem Gewackel.
Ich gehe mit ihm zum Rauchen in die Küche, heimlich natürlich. Ich gebe ihm schon vor der Zigarette ein

Kräuter-Bonbon, damit es hinterher keiner riecht, dass er geraucht hat. Er sitzt mit dem Rücken vor dem Fenster, ich gebe ihm Feuer. Ich knie vor meinem Vater nieder und bin ihm so nah, wie vielleicht seit Jahrzehnten nicht mehr. »Wenn die Eltern gehen, müssen die Söhne an die Front«, sagt meine Freundin Britta immer. Und sie hat Recht. Ich muss jetzt an die Front, dort wo gestorben wird. Nur, dass ich meinen Rucksack noch nicht packen möchte, sondern eher noch Dinge aus unserem gemeinsamen Rucksack auspacken und sortieren muss, bevor es zu spät ist. Dieser Gedanke ist fortan immer da. Ich trage unseren Rucksack jetzt vorne, direkt vor der Brust. Nicht hinten, wo ich ihn übersehen kann. Ist er schwerer geworden? Ich glaube ja.

Wann sage ich ihm, dass ich ihn liebe? Und wie? In meiner Erinnerung habe ich ihm das nie gesagt, eher sogar, dass ich ihn hasse. Ich schäme mich heute dafür. Sage mir, dass ich nichts Vergangenes ändern kann.

Ich sage meinem Vater, dass ich ab sofort immer kommen werde, wenn er mich sehen will. Dass er es nur sagen muss. Er hat mir versprochen, mein Angebot anzunehmen.

98

Mein Vater sagt: »Michi, mit meinem Kopf stimmt wieder etwas nicht.«

Gestern war ich noch in Hamburg, heute bin ich wieder in Berlin. Eigentlich hatte ich mir zur Abwechslung mal einen Tag ohne Hiobsbotschaften gewünscht. Aber dass meine Wünsche derzeit nicht erfüllt werden, daran habe

ich mich mittlerweile gewöhnt. Ich hole einmal tief Luft und halte den Telefonhörer eine Idee fester.
Mein Vater erlebte auch schon seine erste Metastase im Gehirn bei vollem Bewusstsein. Er begann, sich plötzlich zu verändern. Verließ das Haus ohne Schlüssel, kam ohne Schirm zurück und hatte Mühe mit dem Sprechen. Dass sich etwas veränderte, war ihm immer klar. Wie lange er es vor uns verbergen wollte oder gar konnte, weiß ich nicht.
Ich frage: »Was stimmt denn nicht?«
Mein Vater sagt: »Ich glaube, da wächst wieder was.«
Ich frage, ob ihm etwas wehtue, er verneint.
Er sagt: »Aber ich fühle mich komisch.«
Ich sage: »Du bist halt sehr mitgenommen gerade, das ist doch normal nach dem, was Du durchgemacht hast.«
Manchmal fühlt sich mein Vater so unsicher, dass er nicht allein vom Wohnzimmer in die Küche gehen möchte. Ohne einen zweistündigen Mittagsschlaf ist er am Nachmittag nicht zu gebrauchen. Manchmal ist er danach eigentlich so wie immer, manchmal geht es ihm nach dem Mittagsschlaf eher noch schlechter.
Meine Mutter verlässt seither das Haus kaum noch. Der Gedanke, meinem Vater könne in einer auch noch so kurzen Abwesenheit etwas zustoßen, wird von Tag zu Tag größer.
Ich sage: »Was soll ihm denn jetzt noch Schlimmes passieren? Denkst Du, er bricht sich das Genick beim Händewaschen? Das wäre für uns alle vielleicht ein Segen …«
Als sie meine Worte hört, lacht sie kurz. Nicht zu lang, das wäre unangebracht.
Meine Mutter sagt: »Ach, Michi. Das ist nicht witzig. Ich mag ihn einfach nicht allein lassen. Auch, wenn er uns bald allein lässt.«
Wir allein, ohne ihn. Geht das überhaupt? Es gab Zeiten,

in denen ich meine Eltern nur streitend erinnere und mir gewünscht habe, dass wir ihn verlassen. Jetzt verlässt er uns und ich wünsche mir nichts mehr, als dass er noch ein bisschen bliebe. Wie sich die Perspektiven und Gefühle doch ändern können. Wer soll damit bloß zurechtkommen?
Ich lerne in diesen Tagen: Der Krebs lässt sich nicht beeinflussen, er tut, was er will. Und wir müssen mitspielen bis zum bitteren Ende. Und es wirkt in der Tat, wie ein Spiel. Nur, dass wir die Spielfiguren eines übermächtigen Spielers sind, der gleichzeitig auch Gegner ist.
Der Zustand meines Vaters ist besorgniserregend. Das höre ich sogar durchs Telefon. Ich versuche dennoch, ihn zu beruhigen. Woher ich meine Ruhe nehme? Ich weiß es nicht. Ich scheine im Ernstfall, mitten im Terroranschlag auf unser Leben, gerade Kräfte zu entwickeln, von denen ich nicht einmal zu träumen gewagt habe.
Ist das vielleicht auch sein Verdienst? Wundern würde es mich, stand mein Vater mir doch nie so nah, wie meine Mutter. Zumindest glaubte ich das drei Jahrzehnte lang. Aber kann es sein, dass ich mehr von meinem Vater gelernt habe, als mir immer lieb gewesen wäre? Nämlich im Notfall emotionslos zu sein? Sachlich, fast kalt? Es scheint mir so. Entscheide ich sonst überwiegend aus dem Bauch heraus oder bin Sklave meiner Launen, macht mich der Ernstfall jetzt zum sachlichen Analytiker.
Ich gestatte mir keine Panik. Denn alles, was mich panisch erscheinen lässt, muss jedem Kranken wie ein Schlag ins Gesicht vorkommen. Ist doch meine Panik im Vergleich zur Krankheit nur ein Fliegenschiss. Gleichzeitig mache ich mir immer wieder bewusst, dass die Zeit knapp wird. Es gibt ein heute, ein Morgen und wahr-

scheinlich auch ein Übermorgen. Aber nächste Woche? Nächsten Monat?
Ich klammere mich ans Telefon, wie ganz früher an seine Hand. Aber das sieht mein Vater zum Glück nicht.
Ich sage: »Ich habe nicht den Eindruck, dass Du wieder so abwesend bist, wie bei der ersten Metastase.«
Er antwortet: »Das sagt Mama auch. Aber ... aber ... aber ...«
Sein Satz führt ins Leere. Das passiert jetzt häufiger. Wieder einmal ertappe ich mich dabei, dass ich meinen Vater beschützen möchte.
Ich sage: »Na siehst Du. Wir tricksen den Krebs einfach aus und geben ihm etwas, dass Du nicht brauchst.«
Mein Vater lacht, ich auch. Diese plötzliche, ungewöhnliche Nähe zwischen uns irritiert mich. Seine Ruhe beruhigt auch mich.
Als meinem Vater der Mittelfinger amputiert wurde, weil sich am Gelenk eine Metastase entwickelt hatte, war ich derjenige, der unruhig war. Wie würde ich ihm jemals wieder die Hand geben können? Wie würde ich allein den Anblick ertragen? Ich, der doch schon die Narbe nach der OP an der Lunge grausam fand.
Als Kind hatte ich Angst vor seiner Hand. Dass er mir eine Backpfeife verpasste – und zwar auch noch vor den Augen meines besten Freundes –, nur weil ich ihm mit der Wasserpistole ins Gesicht gespritzt hatte, das habe ich ihm lange nicht verziehen. Eigentlich bis heute nicht. Doch jetzt war diese Hand, die fortan nur noch vier Finger haben sollte, plötzlich merkwürdig klein und schwach. Ich hatte in Wahrheit wieder Angst vor ihr – nur aus anderen Gründen.
Doch mein Vater beruhigte mich. Er sagte mir, dass er den Finger nicht brauche und froh sei, dass er keine Schmerzen mehr habe, wenn der Finger endlich weg

sei. Seinen Hintern, so sagte er, könne er sich zur Not auch mit links abwischen. Und an den Anblick an seine rechte Hand ohne Mittelfinger gewöhnte ich mich schon nach wenigen Minuten. Fast sah sie so aus, als habe sie niemals fünf Finger gehabt.
Ich weiß nicht, ob es sein Galgenhumor oder sein Desinteresse war – oder einfach nur die Kontrolle über seine Emotionen. Mein Vater nahm alles einfach so hin, wie es ihm passierte. Heute bewundere ich ihn fast für diese Haltung.
Ich habe mich im Verlauf seiner Erkrankung, ganz besonders am Anfang, oft mit ihm gestritten. Dass er nicht alles einfach so hinnehmen dürfe, dass er immer einmal mehr nachfragen müsse, als einmal zu wenig. Er sagte dann immer, dass die Ärzte schon wissen, was sie tun. Damit gab ich mich nie zufrieden.
Ich sage: »Du musst sie nerven, damit sie Dich im Kopf haben!«
Er antwortet, dass er das vermutlich nicht so gut könne, wie ich. Ich glaube, das war das erste Mal überhaupt, dass mein Vater mir sagte, dass ich irgendetwas gut oder sogar besser kann als er. Dabei war er es wohl, der sein Sterben von uns allen am besten akzeptierte.
Später an diesem Tag telefonierte ich nochmal mit meiner Mutter. Sie fragt mich, ob mein Vater mir vom Hospiz erzählt habe. Ich verneine. Das Thema beschäftigte uns schon eine Weile, allerdings ohne ihn.
Sie sagt: »Er hat sich heute eine Broschüre durchgelesen und gesagt, ›finde ich gut‹. Er will wissen, ob er ein Einzelzimmer bekommt und seine eigenen Sachen mitnehmen kann.«
Meine Mutter hat meinen Vater in den vergangenen Wochen fast rund um die Uhr betreut. Er kann zwar vieles noch allein, aber sie möchte ihn eben nicht al-

lein lassen. Wir haben öfters überlegt, wie wir mit der Situation umgehen, wenn er zu Hause nicht mehr gut betreut werden kann. Wenn die Schmerzen zu stark oder die Luft zu knapp werden. Ich hätte alles verwettet, dass mein Vater sich lieber aus seinem Zuhause heraustragen lassen wird, als dass er eine Pflegeeinrichtung oder ein Hospiz beziehen würde. Wieder hat er mich überrascht.

97

Durch seine Krankheit fällt meinem Vater das Sprechen schwer. Dennoch reden meine Mutter und er – und auch er und ich – so viel und so oft wie selten zuvor. Oft ist Belangloses dabei. Manchmal möchte ich einfach nur seine Stimme hören. Und immer wieder muss ich mir einfach nur durch einen Anruf bestätigen lassen, dass er noch lebt. Früher haben wir manchmal wochenlang nicht miteinander gesprochen. Telefonate waren auf ein Minimum reduziert, weswegen meine Mutter sich die eine oder andere Standpauke über *ihren* Sohn anhören musste. Aber wir hatten uns einfach nicht viel zu sagen. Komisch, dass wir jetzt sogar zwanzigminütige Gespräche über das Wetter führen können. Habe ich ein schlechtes Gewissen oder hat er eins? Ich frage ihn nicht, warum wir jahrelang nicht richtig miteinander sprechen konnten. Aber ich merke, dass er sich auch wundert, warum wir es jetzt tun.
Erstaunlicherweise sprechen wir besonders intensiv über seinen Tod. Mein Vater, das ist der Mann, der stets hundertzwanzig Jahre alt werden wollte. Diese Zahl stand immer im Raum. Trotz Zigaretten und ohne

Sport. »Schach ist auch Sport!«, konterte er immer, wenn ich ihm seine leicht nachlässige Figur vorhielt. Jetzt erlebt er wohl nicht mal mehr seinen achtzigsten Geburtstag im August.
Mein Vater fragt: »Wann kann ich ins Hospiz ziehen?«
Hospiz, auch so ein Wort, bei dem Leiden, Sterben und Tod automatisch mitschwingen. Dennoch hat meine Mutter das Thema mehr oder weniger subtil aufs Tableau gebracht – und sämtliche Broschüren dazu aus dem Krankenhaus und der onkologischen Praxis mitgebracht, damit mein Vater sie lesen kann, lesen muss. Das hat er offenbar getan.
Ich hätte nie angenommen, dass mein Vater sein Zuhause freiwillig verlassen würde. Wenn, dann nur mit den Füßen voraus. Ich kenne niemanden, der so stur ist wie er. Niemals hätte man ihn von einer Sache überzeugen können. Ich habe zwanzig Jahre erfolglos damit verbracht, ihn zu überreden, einmal Sushi zu probieren – abgelehnt. Elektrische Fensterheber, eine Zentralverriegelung, eine Klimaanlage oder – Gott bewahre! – Kabelfernsehen waren ähnlich vehement abgelehnte Neuerungen. Doch beim Thema Hospiz war er plötzlich offen für Veränderungen.
Meine Mutter sagt: »Es kann zwischen einer und drei Wochen dauern, bis Du ins Hospiz einziehen kannst.«
Dann Stille.
Mein Vater guckt meine Mutter traurig an. Noch drei Wochen. Früher sind wir in den Sommerferien immer drei Wochen nach Dänemark gefahren. Oder mit dem Auto nach Jugoslawien, als es noch so hieß.
Mein Vater sagt: »Drei Wochen werde ich wohl nicht mehr schaffen.«
Wieder Stille. Ob er es ernst meint, wissen weder meine Mutter noch mein Vater. Und ich weiß sowieso nicht

mehr, was wahr und was unwahr ist. Meine Welt ist so unwirklich geworden.
Mein Vater fragt: »Wo willst Du denn eigentlich hin, wenn Du tot bist?«
Er fragt meine Mutter beinahe so, als würde er annehmen, dass sie gemeinsam in den Tod reisen würden. Mein Vater scheint zu sehen, dass seine Frage meine Mutter leicht irritiert.
Meine Mutter sagt: »Ich möchte anonym beerdigt werden. Irgendwann treffen wir uns da alle und können mit Wolfgang Karten spielen.«
Wolfgang, das ist mein Onkel, der älteste Bruder meines Vaters und seit ein paar Jahren tot.
Als meine Mutter mir Stunden später von diesem Dialog erzählt, bricht ihre Stimme. Überhaupt wird sie immer zerbrechlicher. Weinen ist Teil unseres Alltags geworden. Entweder weint mein Vater, meine Mutter, ich weine oder wir alle zusammen.
Es vergeht kein Tag, an dem wir nicht weinen. Waren es früher – damals gefühlt seltene, aus heutiger Sicht vielleicht doch nicht so wenige – Glücksmomente, die uns als Familie zusammenschweißten, sind es jetzt unsere Tränen. Und es sind so viele.
Mein Vater sagt: »Anonym beerdigt werden. Das möchte ich auch. Einer von uns beiden muss ja zuerst gehen. Ich warte auf Dich.«

96

Er: »Hallo Michi!«
Ich: »Hallo Papa! Wie geht's Dir?«
Er: »Es geht gar nicht.«
Schweigen.
Ich: »Warum? Tut Dir was weh?«
Er: »Nein.«
Ich atme tief ein.
Ich: »Aber das ist doch gut!«
Er: »Nein. Die Füße sind schlecht.«
Ich: »Es tut Dir also doch was weh?«
Noch nimmt mein Vater keine Schmerzmedikamente. Vielleicht müssen wir das ändern.
Er: »Nein. Keine Schmerzen. Aber die Füße wollen nicht.«
Ich: »Willst Du meine haben?«
Wir lachen beide.
Er: »Ja. Aber kommst Du denn ohne zurecht?«
Ich: »Nein. Nur wenn Du mich in Zukunft dann immer im Rollstuhl schiebst. Ohne Füße kann ich ja wohl schlecht laufen.«
Er: »Das ist richtig. Aber ich bin ja bald weg. Dann kann ich Dich nicht mehr schieben.«
Immer wieder dieser Tod. Immer wieder spricht mein Vater ihn an. Hat er sich abgefunden oder will er uns aufrütteln?
Ich: »Das wissen wir doch nicht so genau.«
Er: »Doch. Ich weiß das.«
Ich: »Dann behalte ich meine Füße wohl besser.«
Er: »Ich glaube auch.«

95

Sechs Wochen nach der OP am Gehirn. Mein Vater hat einen Kontrolltermin im Krankenhaus. Normalerweise sagt man Patienten zu solchen Gelegenheiten immer, wie gut alles verlaufen sei. Ein bisschen Schulterklopfen hier, ein bisschen Eigenlob da. Dr. S. sagt erst mal – nichts.

Dr. S. ist jünger als ich, Anfang dreißig vielleicht. Ich erinnere mich, wie er bei unserem ersten Treffen davon sprach, dass er seinem Großvater auch zu einer solchen Operation raten würde. Großvater? Mein Vater war zwar immer einer der ältesten Väter in meinem Umfeld, an meinen Opa, den ich nie gekannt habe, hätte ich in seinem Zusammenhang allerdings nie gedacht.

Er ringt mit Fassung, als er meinen Vater sieht. Vor wenigen Wochen, wie gesagt, sagte er meiner Mutter und mir noch, dass eine OP am Gehirn im Falle meines Vaters für alle Beteiligten das Allerbeste sei. Die Lage des Tumors? Ein Glücksfall. Seine Beschaffenheit? Nahezu ideal. Statistisch gesehen nur vier Prozent Risiko. Und: Welche Gefahr geht schon von lächerlichen vier Prozent aus, wenn man sowieso zu hundert Prozent dem Tod geweiht ist?

Jetzt kann Dr. S. meinem Vater nur schlecht in die Augen sehen. Meine Mutter wird mir später sagen, wie leid es Dr. S. getan habe, dass er anfangs so optimistisch gewesen sei, und am Ende meinem Vater doch nur mehr Strapazen zugemutet habe.

Diese Operation erschien für einen kurzen Augenblick als hoffnungsvolle Chance, den Verlauf seiner Krankheit beeinflussen zu können und das Schicksal meines Vaters abzuwenden. Trotzdem hat die Diskussion über das Für und Wider eines Eingriffs die Familie in zwei Lager geteilt.

Die Ärzte sagten: »Wir können Ihnen allenfalls Zeit schenken.«
Wie diese Zeit verlaufen würde, wagten sie allerdings nicht zu prognostizieren.
Wir wollten meinen Vater den zusätzlichen Belastungen einer Operation am Gehirn eigentlich nicht aussetzen. Er war ein paar Tage nicht in der Lage, selbst zu entscheiden. Wir wollten im wahrsten Sinne nicht über seinen Kopf hinweg entscheiden. Wie durch ein Wunder kam er nach ein paar Tagen wieder zu sich. Erkannte er vor wenigen Tagen nicht einmal mehr seinen eigenen Sohn am Telefon, wusste er plötzlich wieder, dass Angela Merkel Bundeskanzlerin und Deutschland Fußball-Weltmeister ist. Wieder bei Sinnen, entschied er sich nun selbst für die Operation.
Natürlich war er nach dieser erneuten OP, der wohl fünften Vollnarkose innerhalb eines halben Jahres, nicht der Alte, aber wir hatten doch Hoffnung. Das hatten wir immer, selbst nach der 100-Tage-Diagnose.
Nun war klar, dass der Krebs die Oberhand zurückgewonnen hat. Und Dr. S. hat deshalb wohl ein schlechtes Gewissen. Er gibt meiner Mutter seine Handynummer und versichert ihr seine ganze Unterstützung. Er ruft in einer Palliativstation an, die meinen Vater, sollte die Wartezeit bis zum Hospiz zu lange dauern, ab sofort garantiert aufnehmen wird. Ebenso schreibt er, wie der Onkologe auch schon, eine Empfehlung für eine stationäre Unterbringung im Hospiz. Meine Mutter ringt mit der Fassung. Wieder mal. Meine Tante, die meine Eltern ins Krankenhaus gefahren hat, wartet zum Glück vor dem Sprechzimmer. Mein Vater hat in den letzten Wochen zwar das öffentliche Weinen gelernt, aber das es ihm angenehm ist, kann ich mir nicht vorstellen.

Dr. S. wünscht meinen Eltern alles Gute. Mein Vater sagt später zu mir, er glaube, er meine es ernst. Ich frage, ob er denn noch mal wiederkommen soll. Ich höre lange nichts.
Mein Vater sagt: »Nein, Michi. Wozu denn?«
Ich beginne daran zu zweifeln, dass die Hoffnung zuletzt stirbt. So, wie es aussieht, wird mein Vater dieses Duell gewinnen. Zumal er mir neuerdings immer wieder sagt, dass er nicht nochmal ins Krankenhaus wolle.
Ich frage: »Ist es so schlimm?«
Mein Vater sagt: »Mir ist nicht gut heute.«
Ich frage: »Wo denn?«
Mein Vater sagt: »Nirgends.«
Was soll man einem Mann sagen, der sich schon in den guten Tagen nie wirklich etwas sagen lassen wollte? Ich schweige und höre weiter zu. Immer wieder betont mein Vater auf einmal, dass er am liebsten sofort in ein Hospiz ziehen möchte. Auch die Tatsache, dass es nicht nur sein Abschied vom seinem Leben, sondern auch unser Abschied von ihm sein wird, lässt ihn nicht innehalten.
Mein Vater sagt: »Ich will nicht zu Hause an Nierenversagen sterben.«
Ich sage: »Das will ich auch nicht. Aber lass uns trotzdem bis morgen warten. Wir müssen jeden Tag so nehmen, wie er kommt.«
Mein Vater sagt: »Was soll denn da noch kommen?«

94

Heute kommt der MdK. Endlich. Der MdK, das ist der Medizinische Dienst der Krankenkassen. Meine letzte Begegnung mit dieser Institution liegt ungefähr zwanzig Jahre zurück. Ich war Zivildienstleistender im Pflegeheim und schon in jungen Jahren umgeben von Krankheit und Tod. Geschadet hat mir das nicht, im Gegenteil. Auch wenn es teilweise Menschen waren, die fünfmal so alt waren wie ich, bin ich jeden Tag gerne zum Dienst gegangen, auch wenn das bedeutete, dass Menschen, die mir teilweise so sehr ans Herz wuchsen, wie meine eigene Oma, plötzlich starben.

»Gestorben wird immer im November …« ist so ein Satz aus dieser Zeit. Oder auch: »Im Frühjahr stirbt man nicht.« Ich kenne keine Statistik, aber ich ahne, dass beide Sätze grober Unfug waren. Dass der Alltag im Altenheim meinen Umgang mit dem Tod allerdings entscheidend verändert hat, wurde mir erst später bewusst.

Der Tod hatte unsere Familie schon aufgesucht, als ich noch in die Grundschule ging. Es war mir schon damals klar, dass wir nicht ewig leben werden. Auf die Beerdigungen zahlreicher Familienmitglieder durfte ich, wohl zu meinem eigenen Schutz, trotzdem nicht gehen. Auch so ein Punkt in meinem Leben, den ich nie ganz verstehen werde oder verstanden habe.

Unser Verhältnis zum Sterben und zum Tod ist in meinen Augen auch deshalb so dysfunktional, weil wir alles tun, um ihn aus unserem Leben zu verbannen. Es ist okay, dass wir gerne jung oder zumindest gesund bleiben wollen, aber das Ziel unserer Reise sollten wir alle kennen.

Ich war das letzte Mitglied der Familie, das meine Großmutter mütterlicherseits lebend sah. Wir trafen uns auf der Straße, als ich auf dem Heimweg aus der Schule war. Meine Oma wünschte mir einen guten Appetit und freute sich schon darauf, dass sie mir am Ende der Woche wieder Kartoffelpuffer mit Apfelmus kochen werde. Daraus wurde leider nichts. In der Nacht nach unserer letzten, zufälligen Begegnung starb sie in ihrem Bett, weil sie ihr Asthmaspray nicht finden konnte. Gefunden wurde sie selbst einen Tag später, nachdem die Feuerwehr ihre Tür aufgebrochen hatte. Meine Mutter hat die Wohnung ihrer toten Mutter damals nicht betreten, weil sie ihre Leiche nicht sehen wollte.

Meine erste Leiche sah ich elf Jahre später. Der Anblick einer Dame, zu der ich im Pflegeheim damals nur selten Kontakt hatte, stand im krassen Widerspruch zu so allem, was das Fernsehen mich über Leichen glauben lassen wollte. Ich betrat für einen kurzen Augenblick das Zimmer der Toten. Sie war weit über achtzig und lag die letzten Jahre davon im Bett. Ich konnte mich an keinen schönen Moment von oder besser gesagt mit ihr erinnern, doch als ich ihren toten Körper sah, wirkte sie zufrieden und beinahe glücklich.

Ihr Zimmer war auf eine eigentümliche Art und Weise still, wie abgekapselt von der Welt. Ich weiß noch, dass ich sie namentlich angesprochen und mich von ihr verabschiedet, ihr alles Gute gewünscht habe. Damals konnte ich nicht einmal ahnen, dass es wie meine Generalprobe mit dem Tod war.

Dass man mit Kranken oder Pflegebedürftigen den Termin mit dem MdK proben muss – sofern möglich – ist eine weitere Erkenntnis aus dem Zivildienst. Menschen, die im normalen Alltag plötzlich nicht mal mehr allein essen können, werden aufgrund der Anwesenheit des MdK urplötzlich wieder rüstig. Ist für Angehörige eine hohe Pflegestufe wegen der höheren auch finanziellen Unterstützung wichtig, ist sie für die Betroffenen selbst offenbar häufig ein Stigma, das sie beeinflussen möchten.

Im Krankenhaus wurde eine Pflegestufe für meinen Vater noch als unrealistisch abgelehnt. Doch das ist Wochen her und Welten entfernt. Manchmal erkenne ich

in ihm den Mann, der er einmal war. Doch meistens ist er wie ein Sterbenskranker, den wir plötzlich zu Hause aufgenommen haben.
Meine Mutter und ich haben meinem Vater vorher lange erklärt, dass er um Gottes Willen bloß nicht den Helden spielen soll – und so tun, als könne er alles allein. Es hätte uns nicht gewundert, wenn er sich mal wieder an alle Absprachen nicht gehalten hätte. Nur, um seinen eigenen Kopf durchzusetzen. Doch eben jener Kopf ist mittlerweile zersetzt. Und er hält sich an die Absprachen.
Wieder so eine Überraschung. Kein Widerstand, im Gegenteil. Mein Vater steht extra spät auf, damit er noch verschlafen aussieht. Er rasiert sich absichtlich nicht. Als die Dame vom MdK – eine ehemalige Altenpflegerin – bei uns ist, ist er noch nicht richtig angezogen. Er geht extra langsam und bleibt im Türrahmen stehen und furzt. Meine Mutter erschreckt sich.
Mein Vater sagt: »Oh …« – und schlurft weiter.
Die fremde Frau in unserem Wohnzimmer lacht.
Sie sagt: »Ich kenne das.«
Mein Vater trinkt extra mit der zitternden, rechten Hand mit dem fehlenden Finger. Die Frau will wissen, ob er das allein schafft.
Mein Vater sagt: »Schlecht. Das sieht man doch auch.«
Der Frau fällt auch auf, dass seine Füße geschwollen sind. Eine dieser Baustellen, auf die die Ärzte vorher nie wirklich eingegangen sind. Verwunderlich war das wohl nicht – welchen Unterschied macht schon eine Baustelle mehr oder weniger in einer Großstadt?
Als sich die Frau vom MdK nach einer Stunde von meinen Eltern verabschiedet, gibt sie meiner Mutter zu verstehen, dass sie für eine Pflegestufe plädieren werde. Offiziell dürfe sie das natürlich nicht. Aber der Fall meines Vaters sei ja eindeutig.

93

Ich wache um 8:42 Uhr auf. Es ist Samstag, ich habe frei. Mist. Der einzige Tag in der Woche, an dem ich ausschlafen könnte, und ich bekomme kein Auge mehr zu. Ich höre immer wieder, dass ich mich schonen solle, gerade jetzt und so, aber merkwürdigerweise scheint sich mein Energiehaushalt entgegengesetzt zu meinen Lebensumständen zu entwickeln.
Ich beschließe spontan, nach Hamburg zu fahren. Ich habe genau eine Stunde Zeit, um aus dem Bett in die Bahn zu kommen, denn der Zug, den ich nehmen muss, fährt um 9:42 Uhr. Ich könnte einen Zug später nehmen, aber dann käme ich an, wenn mein Vater Mittagsschlaf macht. Und das macht weder für ihn Sinn noch für mich. Meine Mutter legt neuerdings größten Wert darauf, dass mein Vater nach dem Mittagessen, das er immer noch mit größtem Appetit und gerne auch mit Nachschlag isst, mindestens zwei Stunden schlafen kann. Manchmal ist er vormittags vitaler und nach dem Schlafen wie umnebelt. Manchmal kommt er vormittags nicht auf Touren und ist dafür nachmittags eigentlich wie früher, also fast. Fast immer gilt: Der Alltag ist unberechenbar geworden.
Der Krebs spielt nach seinen eigenen unerbittlichen Regeln. Bei »Mensch ärgere Dich nicht« oder sogar beim Schach hätte ich zu diesem Zeitpunkt des Spiels ein paar Figuren oder gar das Brett vom Tisch fallen lassen, ganz aus Versehen natürlich. Mein Vater hätte sich furchtbar aufgeregt, er wäre kurz aufgestanden, hätte eine Zigarette – damals noch »Camel« ohne Filter – geraucht und wir hätten von vorne angefangen. Natürlich nicht ohne seinen Hinweis an mich, dass er mich ja auch gewinnen lassen könne, wenn ich Angst habe, zu verlieren.

Ich kann tatsächlich nicht verlieren, aber das habe ich ihm nie gesagt. Musste ich vermutlich auch nie. Jetzt können wir beide nicht gewinnen – mein Vater verliert sein Leben und ich meinen Vater. Und mir fällt kein Grund ein, warum ich dieses verdammte Spiel weiterspielen sollte.

Ich denke an die unzähligen Blitzschach-Turniere, zu denen ich ihn begleitet habe. Es waren die Achtzigerjahre und die Welt drehte sich ein wenig langsamer als heute. Zumindest friedlicher. Bei diesen Turnieren hat mein Vater nicht nur gegen seinen Gegner, sondern immer auch gegen die Uhr gespielt – und meist gewonnen. Wann immer der Gegner am Zug war, tickte die Uhr meines Vaters nicht weiter. Ich habe mir in den seltenen Fällen, als wir Schach gespielt haben, also immer einen Spaß daraus gemacht, die Uhr zu manipulieren. Entweder habe ich es geschafft, dass meine Uhr irgendwie langsamer lief als seine. Oder ich habe unbemerkt seine statt meine Zeit laufen lassen, als ich selbst noch nachgedacht habe. Und habe dann so getan, als müsse die Uhr wohl aufgezogen werden.

Ich bin mir sicher, mein Vater hat mich immer durchschaut, aber er hat sich nie etwas anmerken lassen.

Schach war über Jahrzehnte hinweg die Lieblingsbeschäftigung meines Vaters. Er nannte es seinen Sport. Eine Beschreibung, die ich ihm nie durchgehen ließ.

Mein Vater sagt: »Das ist Denksport.«

Ich sage: »Davon wirst Du aber nicht fitter.«

Denn sportlich, so wie andere Väter, war mein Vater nie. Allerdings beim Spiel immer sportlich im Sinne von fair, fast schon penibel gerecht.

Ist es also gerecht, dass jemand auf diese Weise erkrankt, der eigentlich immer nur in Frieden leben wollte? Und sich jetzt im Krieg mit dem eigenen Körper befindet?

Oder gibt es keine Gerechtigkeit, wenn es um Leben und Tod geht?
Es ist Samstag, noch nicht mal neun Uhr morgens und von der einen Sekunde zur anderen habe ich auf einmal mehr Stress, als ich es gewohnt bin. Ich schaffe es sonst nie, innerhalb einer Stunde aufzustehen und am Ende dieser Stunde im Zug zu sitzen. Heute allerdings doch – mit leerem Magen und ohne Kaffee.
Das ständige Zugfahren wird immer stärker zum Symbol meines neuen Lebens. Ich blicke aus dem Fenster und sehe mein altes Leben an mir vorbeiziehen. Die Strecke Berlin-Hamburg eignet sich dafür besonders gut, denn eigentlich fährt man als Reisender gute anderthalb Stunden durch ostdeutsches Niemandsland. Manche Gegenden verlieren sich im Nebel. Manche Stationen muss ich, wie in einem Alptraum, immer wieder passieren.
Als ich zu Hause in Hamburg ankomme, bekommt meine Mutter einen Schreck – wegen der Überraschung – und mein Vater glasige Augen. Er sagt nichts, aber er freut sich, das kann ich sehen.
Dass erst der Krebs dafür gesorgt hat, dass wir uns wirklich freuen, wenn wir uns sehen, macht mich traurig. Er hält meine Hand und seine vier Finger haben für einen Moment mehr Kraft, als meine fünf.
Nach dem Essen legt er sich schlafen, meine Mutter geht einkaufen. Sie verlässt kaum noch das Haus, weil sie ihn nicht allein lassen will. Sie schläft schlechter, sie isst weniger, sie wird auch insgesamt immer weniger.
Ich sage: »Was soll ihm denn noch passieren?«
Sie sagt: »Ich habe keine ruhige Minute, wenn ich nicht auf ihn aufpassen kann.«
Dass es aber bedauerlicherweise im Leben Dinge gibt, auf die wir nun mal nicht aufpassen können, spreche ich

nicht aus. Dass ich meinen Vater nicht daran hindern würde vom Balkon zu springen, auch nicht.
Mein Vater schläft in meinem alten Zimmer und ich liege im Wohnzimmer auf dem Sofa. Ich lese die Autobiografie von Tom Jones und als ich meinen Vater für einen Moment nicht schnarchen höre, bekomme ich einen Schreck. Ist das der Tod? Nein, er ist kurz aufgewacht. Doch ich weiß, der letzte Atemzug wird bald kommen. Werde ich ihn dann auch hören?

92

Mein Bruder lebt in einer anderen Welt als ich. Für ihn sicher schön, für mich liegt sie aber ein Sonnensystem weit entfernt. In seiner Welt gibt es Hoffnung für unseren Vater. In seiner Welt ist alles nicht so schlimm. In seiner Welt hilft es vermutlich schon, die für mich unvermeidbaren Dinge nicht auszusprechen – damit sie nicht wahr sind.
Ich beneide ihn ein wenig um diese Mischung aus Naivität und Desinteresse. Vielleicht beneide ich ihn auch darum, in seinem Weggucken unserem Vater so ähnlich zu sein.
Wahrscheinlich ist sein Umgang mit dem Sterben unseres Vaters der zunächst normale Weg von Angehörigen, wenn es bei diesem Thema überhaupt einen normalen Umgang gibt. Mein Bruder verdrängt die Möglichkeit seines Todes oder verleugnet sie gar. Ich hingegen bin das Gegenteil. Ich frage mich fortan: Was will ich ihm noch sagen? Was muss ich ihn fragen? Wofür muss ich mich entschuldigen? Wofür will ich eine Entschuldigung? Und immer wieder: Wie viel Zeit bleibt uns noch?

Seit der Diagnose »100 Tage« sind fast zehn Tage vergangen. Zehn Prozent der prognostizierten Restlebenszeit.
Zehn Tage – so lange muss ich Antibiotika nehmen, wenn mir ein Zahn gezogen wird. Zehn Tage – so lange dauert es bei mir immer, bis ich den Schnupfen los bin. Zehn Tage – so lange wäre für mich die Mindestdauer eines Urlaubs. Zehn Tage Ayurveda – und man ist angeblich ein neuer Mensch. Das lese ich jedenfalls immer wieder. Zehn Tage, in denen sich der Zustand meines Vaters nicht wesentlich verändert hat. Nicht verbessert, aber auch nicht verschlechtert.
Ich erwische mich dabei, wie auch ich Zweifel an der Diagnose habe. Kurz in so eine »Das kann doch gar nicht sein ...«-Trotzhaltung verfalle. Aber wirklich nur ganz kurz. Und wirklich ganz anders als mein Bruder. Wahrscheinlich steht mir mein Beruf im Weg, seiner Verdrängungstechnik zu folgen. Aber wie dem auch sei – mein Bruder glaubt, Papa könne wieder gesund werden – und in Wahrheit beneide ich ihn um diese Fähigkeit.
Ich sage: »Die Diagnose ist eindeutig.«
Er sagt: »Auch Ärzte irren sich mal.«
Ich sage: »Ich habe alle Berichte überprüfen lassen. Du kannst gerne an Wunder glauben, aber ich tue es nicht.«
Das komplizierte Fundament unserer Familie hat nicht wirklich dazu beigetragen, dass wir uns nahestehen. Wir pflegen keinen öffentlich ausgetragenen Brüder-Krieg, wie in anderen Familien oft üblich, aber wir sind mehr Fremde als Freunde. Fremde mit gemeinsamen Bekannten. Und Einzelgänger mit gemeinsamen Erinnerungen.
Ich bilde mir ein, dass wir nicht verantwortlich sind für unser Missverhältnis. Schließlich hat mein Vater auch nicht wirklich viel dafür getan, damit wir uns nahestehen. Wir selbst allerdings auch nicht.

Wenn das Verhältnis zwischen Söhnen und Vätern bekanntlich oft kompliziert ist, sind Brüder im Idealfall beste Freunde, Vertraute, Komplizen. Mein Halbbruder und ich sind das alles nicht. Schwer zu sagen, ob sich das Trauma seiner Scheidung von meinem Vater auf mich übertragen hat, oder ob ich ihn unterschwellig immer für mich allein beanspruchen wollte. Die Erkenntnis, dass wir ihn demnächst alle verlieren, hätte ein wenig mehr Harmonie und Geschlossenheit erfordert.
Am Geburtstag meiner Mutter sprach mein Bruder noch davon, dass er bereit sei, Papa zum Sterben in die Schweiz zu fahren. Also zum assistierten Selbstmord. Der Gedanke daran erschreckt mich immer noch. Zwar macht uns der Krebs alle hilflos, aber diese Hilfe scheint mir eher ein Hilfeschrei meines Bruders und weniger ein Wunsch meines Vaters zu sein.
Jetzt hat mein Bruder einen russischen Wunderheiler aufgetan.
Er sagt: »Dann fahren wir mit Papa eben nach Russland.«
Ich sage: »Und dann wird er gesund?«
Er sagt: »Guck Dir die Homepage des Heilers an, dann glaubst Du auch an Wunder.«
Ich breche das Gespräch ab. Ich spüre einen diffusen Schmerz, weil ich so wütend auf meinen Bruder bin, dass er die Realität einfach nicht sehen kann – oder will. Aber ich will stark sein, ich muss – wer, wenn nicht ich? Bloß wie?
Abends, am Telefon, erzählt mir Papa von meinem Bruder, der mit ihm natürlich auch über diesen russischen Wunderheiler gesprochen hat. Wir telefonieren jetzt täglich, meistens sogar zwei Mal. Ich kann mich nicht daran erinnern, wann wir in den besseren Zeiten, die sich immer anfühlten wie schlechte Zeiten, so viel miteinander geredet haben.

Das Reden fällt ihm manchmal schwer. Er beginnt Sätze, die ich beenden muss. Manchmal ist es eine ziemliche Raterei, die dann wieder in Komik mündet. Denn trotz allem hat sich mein Vater die Fähigkeit bewahrt zu lachen. Oder uns zum Lachen zu bringen mit einer Geste oder einem Blick. Oder eben mit seinem Ohren-Gewackel.
Ich sage: »Was soll der Blödsinn mit dem Wunderheiler?«
Mein Vater sagt: »Ach, Michi, reg' Dich nicht auf. Dein großer Bruder meint es doch nur gut.«

91

Mein Vater sagt: »Ich möchte am Montag zum Schach gehen.«
Meine Mutter ist überrascht. Ich auch. Mein Vater ist wie gewohnt stoisch – und zündet sich eine Zigarette an. Wir sind alle glücklich dabei.
Der Krebs greift meinen Vater auf dem Schachbrett des Sterbens mit allen Spielfiguren an, aber er ist noch nicht matt. Seine Augen glänzen noch. Allerdings immer seltener.
Über Jahrzehnte hinweg war montags der Abend, an dem mein Vater nicht zu Hause war, weil er seinem »Sport« nachging. In den meisten dieser Jahre waren meine Mutter und ich froh, dass mein Vater dann nicht zu Hause war, weil wir ohne ihn montags unsere Ruhe hatten. Normalerweise kam er gegen achtzehn Uhr aus dem Büro nach Hause, meistens mit schlechter Laune oder Frust im Gepäck. Aber montags war immer alles anders. Er kam nur kurz zum Essen und ging dann wieder – zu seinen Schachfreunden.

Einige davon kannte er sein ganzes Leben, andere – teilweise deutlich jünger als ich – kamen neu hinzu. Wann immer sie mal bei uns zu Hause anriefen oder ich sie traf, war ich überrascht, wie vollkommen anders sie mit ihm umgingen, als ich es stets tat. Wie sie geradezu ehrfürchtig zu ihm aufblickten. War mein Vater vielleicht cooler, als ich immer angenommen oder zugelassen hatte? Oder schlicht besser? Es ist eine dieser Fragen, die ich auf dem letzten Meter nicht mehr diskutieren kann, aber die mich noch beschäftigen wird.

Kann es sein, dass Menschen, die wir unser Leben lang kennen, ganz anders sind, als wir sie stets gesehen haben? Was sind Beziehungen wert, wenn sie sich selbst und letztlich uns am Ende vollkommen umkrempeln? Muss ich alles in Frage stellen, was ich bisher gelebt habe?

Nicht alles, aber vieles bedarf in diesen Tagen einer schmerzhaften Überprüfung. Ist diese Welt verrückt oder bin ich es? Die Krankheit ist es sowieso. Fest steht gerade nur – mein Vater scheint im Verrückten immer klarer. Seine Bedürfnisse, seine Wünsche, sein Handeln – es gibt fast nur noch schwarz oder weiß.

Heute sind meine Mutter und ich jedenfalls glücklich, dass er zum Schach will – allerdings ist der Anlass zugleich ein unglücklicher. Es wird, und dass weiß mein Vater, seine letzte Partie.

Mein Vater hat in verschiedenen Mannschaften gespielt, viele Pokale gewonnen. Anstatt sich mit ihm oder zumindest für ihn zu freuen, hat meine Mutter – ganz Hausfrau – meistens ihr Unglück darüber geäußert, dass die Pokale in ihren Augen mehr Staubfänger als Trophäen seien. Nüchtern betrachtet sind sie Belege dafür, dass mein Vater im Schach erfolgreicher war als in allen übrigen Lebensbereichen zusammen.

Er konnte wohl nie verstehen, dass meine Mutter und ich seine Leidenschaften nicht teilten. Vielleicht haben wir es auch nicht genug versucht.
Wenn der Tod oder das Sterben mich etwas lehrt, dann das: Ich werde nie wieder etwas unversucht lassen. Nichts ist endgültig. Nichts gilt für immer. Auch wenn es wehtut – für eine Umkehr ist es nie zu spät. Ich frage schon lange nicht mehr »warum?«. Aber ich frage »warum so?«
Meine Schmerzen sind nichts im Vergleich zu seinen Schmerzen. Ich lese viel über Schmerzen in diesen Tagen. Lerne zum ersten Mal Begriffe kennen wie »Schmerzspitzen« oder »Durchbruchschmerz«. Oder »Vernichtungsschmerz«. Ich zucke beim Lesen zusammen. Ich weiß, dass man Schmerzen überwiegend beherrschen kann. Ich weiß aber auch, dass es dieses unbeherrschbare Restrisiko gibt.
Was sage ich meinem Vater dann? Hat er diesen Zustand schon durchdacht? Ich traue mich nicht, ihn zu fragen. Ich hoffe, dass er auch gegen den Krebs ein Schachspieler ist – und jeden nächsten Zug im Voraus durchdenkt.
Seit seiner Erkrankung war mein Vater ein Jahr lang nicht im Schachverein. Es fällt ihm schwer, aber er klagt nicht. Seine Mannschaftskollegen rufen ab und zu an und vermissen ihn. Menschlich und sportlich. Er war schließlich immer einer der Besten. Das schweißt zusammen.
Ich frage: »Kannst Du noch spielen?«
Mein Vater sagt: »Nein, ich glaube nicht.«
Ich frage: »Warum denn nicht?«
Mein Vater sagt: »Mein Kopf, Michi, mein Kopf.«
Ich sage: »Dann spiel' eine Runde Blitzschach. Das geht schneller vorbei.«
Mein Vater seufzt leise.

Er sagt: »Ach, Michi ...«
Er sagt es so, als wolle er mich mehr trösten, als sich selbst.
Am Abend fahren meine Mutter und mein Vater dann tatsächlich zum Schach. Meine Mutter fährt ungern Strecken, die sie nicht kennt und schon gar nicht im Dunkeln. Aber mit der Hilfe meines Vaters findet sie den Weg schließlich doch. Es sind auch Momente wie dieser, die diese Erkrankung so unberechenbar machen: Phasenweise würde man nicht annehmen, dass mein Vater beeinträchtigt ist. Ich frage mich oft: Ist alles nur ein böser Traum? Die ersten ein, zwei Minuten nach dem Aufwachen sind oft so. Doch dann sehe ich ihn – und glaube meinen Augen kaum.
Der Besuch wird ein kurzer, an diesem Montag findet ein Wettkampf statt. Mein Vater will nur kurz alle begrüßen und dann wieder gehen. Schwer zu sagen, ob er oder seine Schachfreunde gerührter sind. Wieder hat er von seinem Leben ein Stück weit Abschied genommen.

90

Ich frage: »Wer bist Du?«
Er sagt: »Dein Vater!«
Ich frage: »Bist Du glücklich?«
Er sagt: »Ich bin nicht unglücklich.«
Ich frage: »Bist Du der Mensch, der Du sein wolltest?«
Er sagt: »Ich kenne nur mich.«
Ich frage: »Kennst Du mich?«
Er sagt: »Das habe ich mich nie gefragt.«
Ich frage: »Warum hast Du mich geschlagen, weil ich Dich mit der Wasserpistole nass gespritzt habe?«

Er sagt: »Das war doch nur ein Klaps!«
Ich frage: »Warum durfte ich nicht Tennis spielen?«
Er sagt: »Weil Du nach zwei Wochen wieder aufgehört hättest!«
Ich frage: »Warum hast Du Dich nie für mich interessiert?«
Er sagt: »Das hast Du doch umgekehrt auch nie.«
Ich frage: »Warum kann ich mich an kaum einen glücklichen Moment von Mama und Dir erinnern?«
Er sagt: »Vielleicht hast Du Alzheimer.«
Ich frage: »War ich ein guter Sohn?«
Er sagt: »Das ist heute nicht mehr wichtig.«
Ich frage: »Kannst Du mir verzeihen?«
Er sagt: »Das muss ich nicht.«
Ich frage: »Warum fragst Du mich ständig, wann ich heirate?«
Er sagt: »Damit Du endlich ehrlich zu mir bist.«
Ich frage: »Warum machst Du es mir so schwer?«
Er sagt: »Das machst Du doch selbst.«
Ich frage: »Warum hast Du mir nie gesagt, dass ich noch eine Schwester habe?«
Er sagt: »Das geht Dich nichts an.«
Ich frage: »Wieso denkst Du, dass es das nicht tut?«
Er sagt: »Schluss damit.«
Ich frage: »Warum soll Schluss sein, nur weil Du das sagst?«
Er sagt: »Weil ich das sage.«
Ich frage: »Warum hast Du uns so oft angeschrien?«
Er sagt: »Wahrscheinlich hatte ich keine besseren Argumente.«
Ich frage: »Warum hast Du mich nie gefragt, ob ich glücklich bin?«
Er sagt: »Ich kann doch nicht wissen, dass Du unglücklich bist.«

Ich frage: »Warum haben wir es nicht geschafft, Freunde zu werden?«
Er sagt: »Weil Du mir nie eine Chance gegeben hast.«
Ich frage: »Warum war ich immer zwischen Euren Fronten?«
Er sagt: »Das musst Du Deine Mutter fragen.«
Ich frage: »Warum hast Du mir nie zugehört?«
Er sagt: »Du wolltest mir nie etwas erzählen.«
Ich frage: »Wann schließen wir endlich Frieden?«
Er sagt: »Ich habe nicht mehr viel Zeit.«
Ich frage: »Wer steht Dir überhaupt nahe?«
Er sagt: »Wahrscheinlich nur ich, sonst niemand.«
Ich frage: »Mit wem sprichst Du über Deine Gefühle?«
Er sagt: »Deine Mutter versteht mich nicht.«
Ich frage: »Wovor hast Du Angst?«
Er sagt: »Dass ich ganz allein bin.«
Ich frage: »Warum hast Du mir nie gesagt, dass Du stolz auf mich bist?«
Er sagt: »Das muss ich doch nicht extra sagen.«
Ich frage: »Warum hast mir nie gesagt, dass Du mich liebst?«

Es ist 4:47 Uhr. Ich wache schweißgebadet auf und kann nicht wieder einschlafen.

89

Seitdem meinem Vater der Mittelfinger seiner rechten Hand amputiert wurde, hat sich der Krebs für alle auch sichtbar in sein und in unser Leben geschlichen. Ein Stückchen Lunge, okay, das sieht ja keiner. Und auch die Narbe am Kopf ist nicht Teil unseres Alltags. Und dass irgendwo in ihm noch etwas wuchert? Egal, das kann man ja ganz gut ignorieren. Aber ein ganzer Finger? Und dann auch noch an der rechten Hand – weggucken geht eigentlich nicht mehr.

Ich hätte gerne weggeguckt. Ich habe all die Jahre vergessen, dass die Uhr beständig tickt, dass der Tag X kommen wird, an dem ich nicht mehr das Kind, sondern der Verantwortliche sein werde. Aber dann habe ich den Gedanken schnell wieder verworfen. Wenn heute alles gut ist, warum sollte schon morgen alles anders sein? Wir tun immer so, als ob der Mensch das intelligenteste Lebewesen des Planeten, ach was, des gesamten Universums sei, aber wenn es um den Tod, besonders unseren eigenen geht, dann sind wir allenfalls so schlau wie eine Eintagsfliege – wenn überhaupt.

Jedes andere Familienmitglied hätte aus einem fehlenden Finger, diesem vermeintlichen Makel wahrscheinlich ein Shakespeare'sches Drama gemacht. Meine Mutter hätte sich geschämt, ich hätte meine Hand für immer versteckt, mein Bruder wochenlang von nichts Anderem gesprochen. Aber mein Vater – und das unterscheidet ihn nun wirklich von allen anderen – mein Vater hat weitergemacht wie bisher. Nur eben mit neun Fingern statt mit zehn. Er wollte schließlich nie Klavier spielen und zum Schach reichen im Grunde zwei.

Von der Küche bis ins Wohnzimmer braucht er jetzt mitunter zwanzig Minuten. Früher hätten wir uns schon Sorgen gemacht, wenn er für die Strecke zwanzig Sekunden gebraucht hätte. Wenn er an seinem Sessel angekommen ist, braucht es nochmal eine Weile, bis er sich umgedreht hat und schließlich hinsetzen kann. Wir wissen nicht, ob ihn Schmerzen hindern oder motorische Störungen. Sicher ist: Jeder überstandene Ortswechsel ist wie ein Marathon, der hinter ihm liegt.

Mein Vater sagt: »Ich weiß das auch nicht. Das ist alles für'n Arsch. Meine Füße sind wie festgeklebt.«
Ich sage: »Soll ich Terpentin holen?
Mein Vater lacht.
Er sagt: »Igitt. Das stinkt.«
Mein Vater sitzt in seinem Sessel, ich auf dem Sofa neben ihm. Wir schweigen eine Weile. Nach ein paar Minuten, die sich wie eine Stunde anfühlen, guckt er mich an und hält seine Hand vor mein Gesicht.
Mein Vater sagt: »Ich kann meinen Finger nicht krumm machen.«
Ich sage: »Welchen Finger meinst Du?«
Mein Vater sagt: »Meinen ... meinen Mittelfinger.«
Mein Vater guckt auf seine rechte Hand, die Hand ohne Mittelfinger.
Ich sage: »Welchen Finger?«
Er sagt: »Der ...der Mittelfinger!«
Sind das die Auswirkungen der Gehirnoperation oder meldet sich gerade eine neue Metastase? Mein Vater hat und hatte Aussetzer, aber meistens waren es Momente, die sich anfühlten, als habe jemand auf einer imaginären Fernbedienung die Pause-Taste gedrückt. Weiße Mäuse waren bislang nicht im Spiel. Und auch keine rosa Elefanten.
Ich versuche mir nicht anmerken zu lassen, dass dieses Gespräch über einen nicht vorhandenen Mittelfinger mich zutiefst irritiert.
Mein Vater sieht einen Finger, den es nicht mehr gibt. Und ich sehe den Tod, wie er das Netz nach ihm auswirft. Die Maschen schlingen sich um seine rechte Hand. Er kann sich gerade eben noch befreien, doch sein Mittelfinger ist nicht mehr zu retten – das Netz reißt ihn mit.
Ich sage: »Bist Du sicher? Zeig mal an meiner Hand, welchen Finger Du meinst.«

Mein Vater nimmt meine rechte Hand und hält meinen Mittelfinger fest.
Er sagt: »Den hier. Den Mittelfinger.«
Ich sage: »Aber Papa. Du hast doch keinen Mittelfinger mehr.«
Seine Augen werden größer.
Mein Vater sagt: »Mein MITTELFINGER, Michi. Mein MITTELFINGER!«
Ich sage: »Ich weiß, der ist nicht mehr da.«
Er sagt: »Er tut mir aber weh!«
Ich versuche, ruhig zu bleiben.
Ich sage: »Ach, Papa. Das wird schon wieder.«
Mein Vater sagt: »Nein. Alles kaputt.«

88

Für viele Menschen ist eine Fahrt ins Hospiz die letzte Reise ihres Lebens. Für meinen Vater ist diese Reise heute vorerst nur ein Tagesausflug.
Hospiz – das klingt monströs, beängstigend. Ein Wort ohne Hoffnung, ein Ort ohne Zukunft. Wer einmal die Ausfahrt genommen hat, kann nicht mehr zurück.
Ich zwinge mich, es nicht zu tun, aber ich denke an Schmerzen, an Leid, an den langsamen Abschied und an den Tod. Alles wirkt endgültig an diesem Ort. Nie zuvor – und wohl nie danach – war der Tod für mich greifbarer als hier.
Mein Vater möchte trotzdem genau an diesen Ort. Und zwar lieber heute als morgen. Deshalb haben wir heute einen Gesprächstermin. Mein Vater hat sein Vorstellungsgespräch im Vorzimmer des Endes, seines Endes.
Als wir nach Hamburg-Volksdorf fahren, regnet es.

Selbst bei Stufe 3 des Gebläses beschlagen die Scheiben im Auto. Ein Problem seit zehn Jahren. Immerhin hat meine Mutter neue Scheibenwischer gekauft. Aus alter Gewohnheit wischt mein Vater die Windschutzscheibe von innen mit einem alten Ledertuch ab. Es bringt gar nichts, aber er fühlt sich nützlich.

Dass er die Kontrolle über sein Auto verloren hat, muss für meinen Vater eine schlimme Niederlage sein. Jahrzehntelang durfte niemand die Heizung verstellen, die Lautstärke des Radios, den Radiosender wechseln, das Fenster ungefragt öffnen. Jede Zuwiderhandlung wurde als kriegerischer Akt gewertet. Selbst, als sein Finger schon amputiert war, ist er noch zum Getränkemarkt gefahren. Erst mit der Metastase im Kopf hat er kapituliert. Meine Mutter kümmert sich jetzt um das Auto, den TÜV, die Inspektion. Wie sie tankt, hat meine Mutter hingegen immer noch nicht gelernt.

Sie sagt: »Ich kann nur zu den Servicezeiten an die Tankstelle fahren.«

Ich sage nichts. Denn ich habe es schon vor Jahren aufgegeben, ihr den (ganz gewöhnlichen, völlig unkompliziert zu verschließenden) Tankdeckel zu erklären. Seit über fünfzig Jahren hat meine Mutter jetzt den Führerschein. Sie könnte einen Reifen wechseln und sicher auch einen Keilriemen. Sie ist einen Chevrolet mit Lenkradschaltung gefahren und einen LKW. Aber tanken? Tanken kann sie nicht. Naja – was ist schon normal in meiner Familie?

Volksdorf, das ist einer dieser besseren Stadtteile Hamburgs, wo die Gärten groß und die Häuser freistehend sind. Der Baumbestand ist alt, viele Bewohner auch. Meine Mutter hat auf den schier unendlichen Wiesen, auf denen heute Rinder weiden, Schlittschuh laufen gelernt. Ich habe viele Sommerferien im Volksdorfer

Schwimmbad verbracht. Mein Ur-Großvater war bis Mitte der 1960er-Jahre Schaffner der sogenannten Hamburger »Kleinbahn«, für die Volksdorf ein wichtiger Haltepunkt war. Und mein Vater hat in Volksdorf die ein oder andere wichtige Partie Schach gespielt – und gewonnen. Jetzt kommt er mit jedem Zug seinem Ende näher.

Das Hospiz liegt in unmittelbarer Nähe eines kleinen Krankenhauses. Ich war früher öfter in der Gegend, aber nur, weil schräg gegenüber der Hauptstraße eine Freundin mit ihrer Familie gewohnt hat. Ich spüre, dass sich meine Erinnerungen an diese Gegend ab sofort umschreiben werden.

Als wir beim Hospiz ankommen, regnet es immer noch. Wir haben keinen Schirm, aber das ist mittlerweile auch egal.

Mein erster Blick im Trocknen fällt auf ein großes Kondolenzbuch im Foyer. Es ist sehr dick und offenbar schon sehr voll, denn die aufgeschlagene Seite befindet sich im letzten Drittel. Jede Doppelseite gehört offenbar einem Verstorbenen. Das aktuellste Datum ist von heute.

Mein Vater sagt: »Komme ich da auch rein?«

Ich versuche, so leichtfüßig wie möglich zu klingen.

Ich sage: »Erst mal gucken wir uns hier um.«

Tod, Tod, Tod – meine Welt dreht sich nur noch um den Tod. Nicht um irgendeinen, sondern um seinen. Stimmen die Berechnungen, dann bleiben meinem Vater noch etwas über 80 Tage. Und momentan sterben wir alle jeden Tag ein bisschen mit.

Die Mitarbeiterin vom Hospiz, die für die Vergabe der Plätze zuständig ist, hat einen Doppelnamen. Die erste Hälfte klingt afrikanisch. Nach dem ersten Hören unaussprechlich. Ich weiß jetzt schon: Ich werde sie mir nicht merken können. Die zweite Hälfte geht: Koch.

Frau Dingsbums-Koch bittet uns, kurz zu warten, sie habe eine »Anreise«.
Was ist das für ein sanfter, beinahe angenehmer Begriff für einen so harten Einschnitt im Leben, denke ich. »Anreise«, das klingt nach einem Hotel, am besten fünf Sterne. »Anreise« klingt nach Wellness, nach Urlaub, nach einem Business-Trip, vielleicht nach einem Upgrade in eine Junior-Suite, Willkommens-Champagner inklusive. »Anreise«, das heißt, ich muss nur einmal kurz die Kreditkarte durchziehen lassen, und schon beginnt die schönste Zeit des Jahres.
Mein Vater sitzt auf einem Rollator und mustert den Mann, der neben ihm gerade seine letzte Reise antritt. Den nahenden Tod sieht man auch ihm nicht an, doch als er aus dem Taxi steigen will, kollabiert er fast. Er spricht hörbar norddeutsch und ich ertappe mich dabei, wie ich mir vorstelle, dass mein Vater sich mit ihm anfreundet, vielleicht mit ihm jeden Nachmittag Kaffee trinkt oder »Kniffel« spielt.
Wenn mein Vater nicht Schach spielt, dann spielt er am liebsten »Kniffel«, jenes Würfelspiel, für das man nicht nur Glück, sondern auch Verstand braucht. Sagt er jedenfalls immer. Und ich hatte nie einen Grund, ihm zu misstrauen – ich habe vermutlich achtzig Prozent unserer Spiele gewonnen.
Frau Dingsbums-Koch ruft: »Kommen Sie bitte!«,
Wir gehen in ihr Büro. Sie guckt uns drei an und fragt, um wen es geht.
Ich sage: »Ich bin es nicht.«
Ich wage diesen Scherz, um das Eis zu brechen, bin mir aber nicht sicher, ob es vielleicht ein Fehler war, den Eindruck zu erwecken, mir mangele es an Ernsthaftigkeit. Mein Vater lacht, Frau Dingsbums-Koch auch. Glück gehabt.

Sie fragt uns nach der Krankengeschichte. Meine Mutter übernimmt das Ruder, ich halte mich bewusst zurück. Für einen Moment fühle ich mich wie ein Journalist, der eine Reportage über Menschen im Hospiz schreibt. Oder wie ein Zuschauer in der ersten Reihe im Kino. Erst im zweiten Moment erkenne ich, dass diese beiden Menschen, die hier gerade ihre Zukunft verhandeln, meine Eltern sind.

Meine Mutter versucht, tapfer zu sein, manchmal bricht ihre Stimme, manchmal unterbricht sie meinen Vater, wenn er etwas sagen will, oder Frau Dingsbums-Koch.

Sie befragt meinen Vater nach seinen Daten. Geburtstag, Beruf, Geburtsort, solche Dinge. Er weiß alles sofort und ohne Probleme. Im Grunde ist das ein gutes Zeichen, aber ich ertappe mich dabei, wie ich denke, dass es vielleicht zu seinem Nachteil werden könnte, wenn mein Vater zu fit wirkt. Aber ich verwerfe den Gedanken sofort wieder.

Ich frage, mit wie viel Wartezeit wir rechnen müssen. Frau Dingsbums-Koch sagt, das könne man so nie genau sagen, aber in der Regel dauere es vom Erstgespräch bis zu einer »Anreise« um die vier Wochen.

Mein Vater seufzt.

Ich sehe ihn lange an, er schließt die Augen. Hätte er einen Schalter, mit dem er sich von jetzt auf gleich aus dieser Welt verabschieden könnte, ich bin mir sicher, er würde es tun.

Meine Mutter betont, dass wir ja auf den ausdrücklichen Wunsch meines Vaters hier sind. Man müsse deswegen also nicht bis zum Äußersten warten. Es will ihn ja niemand abschieben.

Er sagt: »Ich möchte gern hierher.«

Sie sagt: »Sehen Sie!«

Ich bin mir unsicher, ob ich eher zur »So schnell wie möglich«- oder »So spät wie möglich«-Fraktion gehöre. Ich will meinen Vater nicht aufgeben, aber ich will auch nicht, dass wir aufgeben müssen – und vor der Krankheit kapitulieren müssen, weil unsere Kräfte schwinden. Ich habe irgendwo gelesen, dass die wenigsten pflegenden Angehörigen eine solche Situation lange überstehen können. Und meine Mutter hält jetzt schon länger durch, als wir oder sie selbst geahnt hätten.
Ich frage, wie lange die Gäste normalerweise im Hospiz bleiben. Frau Dingsbums-Koch sagt, im Durchschnitt drei Wochen.
Ich frage: »Doch so kurz?«
Mein Vater sagt: »Oh!«
Ich sage: »Siehst Du, es ist noch zu früh.«
Er sagt: »Aber ich sterbe doch bald.«
Ich sage: »Aber doch nicht in drei Wochen.«
Nur allzu gern will ich meine Worte glauben. Mein Vater, so scheint es, glaubt mir in diesem Moment. Seine bernsteinfarbenen Augen blitzen auf, und ich verstehe vielleicht in diesem Moment gerade zum ersten Mal in meinem Leben, was meine Mutter in ihm gesehen haben könnte, als sie ihn zum ersten Mal getroffen hat.
Frau Dingsbums-Koch zeigt uns noch ein paar Räumlichkeiten und verspricht, sich zu melden, sobald alle Formulare eingegangen sind.
Es gibt eine Kapelle, einen Garten, einen von allen Zimmern aus zugänglichen Innenhof und eine spezielle Badewanne, die von allen Bewohnern sehr geschätzt werde. So lange ich mich erinnern kann, hat mein Vater zwei Mal in der Woche ein Vollbad genommen. Mittwochs vor dem Schlafengehen und samstags vor der »Sportschau«. Seit seiner Erkrankung konnte er nur noch duschen oder geduscht werden. Ich denke, dass die

Badewanne ihn sicher erfreuen wird, aber die einzige Frage meines Vaters ist eine andere.
Er fragt: »Darf ich hier rauchen?«
Meine Mutter verdreht die Augen.
Frau Dingsbums-Koch lacht. »Ja, aber nicht allein.«
Er sagt: »Allein schmeckt es ja auch nicht.«

87

Der Tod ist nicht nur eine traurige Angelegenheit, sondern vor allem ein hochbürokratischer Akt.
Für die Unterbringung im Hospiz muss ein Arzt bescheinigen, dass mein Vater nicht wieder gesund wird. Natürlich wünschen wir uns alle, dass die Ärzte sich irren, aber jetzt wünschen wir uns genau diese Diagnose schwarz auf weiß.
Man sollte meinen, diese Bescheinigung sei bei allen anderen Problemen, die wir derzeit haben, unser kleinstes. Aber nein. Die Hausärztin meines Vaters möchte sich diesbezüglich nicht festlegen. Ob sie hilflos, überfordert, inkompetent oder einfach nur dumm ist, wissen wir nicht.
Mein Vater sagt: »Ich will nicht zu Hause sterben.«
Meine Mutter sagt nichts.
Ich sage: »Das kann doch nicht sein.«
Meine Mutter sagt: »Das ist aber so.«
Ich sage: »Dann gehen wir so oft zu ihr, bis sie es einsieht.«
Meine Mutter sagt nichts, zündet sich eine Zigarette an und meinem Vater gleich mit.
Ich schlage vor, dass wir zu seinem Onkologen gehen. Der hat ihn zwar auch erst einmal gesehen, aber immer-

hin dürfte ein Onkologe ja mit Hospizen vertraut sein.
Ich biete an, dass ich mitkomme.
Ich sage: »Wenn die sich auch anstellen, mache ich einen Aufstand.«
Mein Vater grinst.
Meine Mutter ist froh.
Ich bin fest entschlossen.
Ich hole das Auto, meine Eltern nehmen hinter mir die Treppen. Das Treppensteigen geht immer noch viel besser als normales Gehen. Zwar muss sich mein Vater am Geländer festhalten, aber die zwei Etagen schafft er mühelos. Die vielleicht fünfzig Meter bis zum Auto scheinen teilweise unüberwindbar. Komisch, denke ich. Aber die Krankheit ist und bleibt unberechenbar.
Als wir beim Onkologen ankommen, bleibt mein Vater im Auto sitzen. Er muss nicht mitkommen in die Praxis, es geht ja nur um Papiere. Er möchte im Auto schon wieder eine Zigarette rauchen.
Meine Mutter sagt: »Du spinnst ja wohl!«
Sie sagt es mit gespielter Entrüstung. In Wahrheit will sie vermutlich nur nicht riskieren, dass das Auto Feuer fängt. Dass mein Vater aussteigt, während wir in der Praxis sind, will sie sicherlich auch nicht.
Es ist mein erster Besuch in einer Onkologie-Praxis. Ich mache mich darauf gefasst, dass ich gleich viele Menschen sehen werde ohne Haare, grau im Gesicht und aufgedunsen von der Chemotherapie und vom Kortison, aber die Patienten in der Praxis sehen überwiegend aus, als seien sie gesund.
Meine Mutter und ich fragen höflich am Empfang, ob das Fax vom Hospiz angekommen sei.
Die Sprechstundenhilfe sagt: »Ja, aber das meiste kann der Doktor unmöglich ausfüllen. Er kennt Ihren Mann zu wenig.«

Ich verdrehe die Augen, halte mich aber zurück.
Meine Mutter will schon resignieren, da frage ich, um welche Details es sich denn handele. Es sind die kleinen Dinge des Alltags, bei denen mein Vater Hilfe braucht. Waschen, rasieren, essen, anziehen und so. Das kann ein Arzt, der meinen Vater bislang einmal gesehen hat, wirklich nicht wissen.
Ich biete an, dass wir das Formular ausfüllen, dann müsse der Onkologe nur noch unterschreiben. Die Sprechstundenhilfe überlegt kurz und willigt ein. Glück gehabt. Das System überfordert auch sie, so dass sie dankbar auf unseren Vorschlag eingeht. Wir setzen uns ins Wartezimmer und beantworten alle Fragen.
Als wir wieder im Parkhaus sind und am Auto ankommen, steigt mein Vater aus.
Er sagt: »Ich muss mal!«
Ich frage: »Was?«
Meine Mutter sagt: »Aber doch nicht hier ...«
Er sagt: »Doch ...«
Das »Doch« hallt noch nach, schon hat mein Vater mitten in einem öffentlichen Parkhaus die Hose runtergelassen. Er steht breitbeinig wie John Wayne hinter einer Säule, meine Mutter und ich verstecken uns im Auto. Mein Vater verrichtet seine Notdurft zwischen einem alten Mercedes Kombi und einem hässlichen Toyota, als sei das völlig normal. Als wir ihn rufen, grinst er diebisch, als habe er gerade den größten Spaß seines Lebens. Mehrere Autos fahren in unmittelbarer Nähe an ihm vorbei. Ob man ihn wirklich sehen kann oder ob die Fahrer ihn wahrnehmen, kann ich nicht beurteilen.
Mein Vater kommt zurück ins Auto, den Reißverschluss lässt er offen.
Ich frage: »Hast Du Deine Hände gewaschen?«

Mein Vater sagt: »Fahr los, Michi!«
Dieses Mal möchte mein Vater nicht lachen.

86

Sterben ist kostspielig. Der Tod kostet meinen Vater nicht nur das Leben, sondern könnte uns auch darüber hinaus recht teuer zu stehen kommen.
Er fragt: »Können wir uns das Hospiz leisten?«
Meine Mutter dreht sich lieber schnell um. Wenn es ums Geld geht, ist sie neuerdings dünnhäutig.
Ich frage: »Können wir es uns leisten, Dich zu verlieren?«
Er sagt: »Hoffentlich ist es schnell vorbei mit mir. Ich koste doch nur.«
Ich sage: »Vielleicht bekommst Du einen Kredit. Onkel Herbert zahlt seine Möbel doch auch auf Raten.«
Wir lachen beide. Mein Onkel hat mit weit über siebzig von einem Möbelhaus angeboten bekommen, seinen neuen Fernsehsessel auf Raten zu bezahlen. Sehr kleine, sehr viele Raten. Dazu muss man wissen, dass mein Onkel nicht gerade am Hungertuch nagt, aber – wie heißt es doch so schön: Haben kommt von halten. Wir amüsieren uns seither alle ein wenig über die Risikobereitschaft der Bank.
Einen Kredit aufzunehmen war und ist für meinen Vater immer noch die größte anzunehmende Sünde. Geld, das ich nicht habe, kann ich nicht nur nicht ausgeben, ich sollte nicht einmal daran denken. So einfach ist das. Wahrscheinlich hätte er meiner Mutter eher einen Seitensprung verzeihen können als ein heimliches Darlehen.
Mein Vater, der ewige Buchhalter, spricht so lange ich

mich erinnern kann, ewig und ständig über Geld. Wir hatten seiner Meinung nach immer zu wenig und die anderen immer zu viel. Mein Vater war nie geizig, aber ein gewisses Ungerechtigkeitsempfinden in Sachen Geld zieht sich wie ein roter Faden durch unser Leben. Ich solle doch bitteschön in die Politik gehen, war einer seiner permanenten Ratschläge an mich. Am besten ins Europa-Parlament, da sind die Pensionen ja viel höher. Auf meine Antwort, dass Geld schließlich nicht glücklich mache, sagte er stets: »Aber unglücklich auch nicht.«
Ich erinnere mich an Phasen in meiner Kindheit, in denen er mir mein Taschengeld in Couponform ausgezahlt hat. Ich weiß nicht mehr, wie viel, aber ich weiß, dass es die Summe von den nächsten Monaten im Voraus war. Seine Hoffnung dabei: Dass ich weniger Coupons einlöse, als ich wirklich Geld zu verbrauchen beabsichtige, um auf diese Weise den Umgang mit Geld besser zu erlernen.
Ich gebe zu: Sein System hat funktioniert. Ich bin durch meinen Vater vielleicht nicht unbedingt ein sparsamer, aber ein achtsamer Mensch geworden. Doch auch ich habe viele Jahre später Möbel auf Raten gekauft.
Mein Vater hat sein Leben lang nie eine Kreditkarte besessen. Hotels, die man nur mit Kreditkarte hätte buchen können, hat er abgelehnt. Euroschecks waren für ihn immer das höchste der Gefühle. Erst als sie nach und nach abgeschafft wurden, hat er in Erwägung gezogen, die EC-Karte auch zum Bezahlen zu nutzen – und nicht nur, um Bargeld abzuheben.
Mein Vater fragt: »Was kostet das Hospiz?«
Ich sage: »Gar nichts. Das bezahlt die Krankenkasse. Man sollte aber spenden.«
Er sagt: »Dann spenden wir alles, was ich habe. Außer Mama und Dich.«

Ich sage: »Und wenn Du noch etwas anderes kaufen willst?«
Er sagt: »Das musst Du dann bezahlen.«

85

Mein Vater fragt: »Wollen wir nicht nochmal als Familie nach Dänemark fahren?«
Ich stimme zu.
Der Sommer 2011 ist mir aus zwei Gründen besonders in Erinnerung geblieben. Den bisher schlimmsten Liebeskummer meines Lebens versuchte ich lange erfolglos zu verdrängen. Die Reise nach Dänemark anlässlich des fünfundsiebzigsten Geburtstags meines Vaters geht mir ebenfalls nicht aus dem Kopf.
Dänemark, speziell dessen Nordseeküste mit den breiten Stränden, wie in den Hamptons, war das Ziel unzähliger unbeschwerter Urlaube meiner Kindheit. Fuhr die Generation meiner Eltern in den Fünfzigern und Sechzigern entweder gar nicht in den Urlaub oder über die Alpen in Richtung Süden – wenn ich meiner Mutter glauben darf, zu sechst im VW Käfer mit den Kindern auf der Hutablage –, schaffte ich es in den Achtzigern mit unserem Audi 80 in metallic Grün gerade noch vier Stunden Richtung Norden. Berge gab es keine, dafür immerhin Dünen und kilometerlange Strände.
Warum es immer Dänemark sein musste? Ich weiß es nicht. Die Macht der Gewohnheit oder Mangel an Neugierde oder gar Geld? Vielleicht eine Mischung aus allem. Wir mieteten jedenfalls stets für drei Wochen ein Haus am Meer und nahmen die Fahrräder und unsere eigenen Bettdecken mit.

Dass meine Mutter gerne betonte, diese Reisen seien für sie ja eigentlich kein Urlaub, weil sie in Wahrheit ja nur ihren Haushalt verlagerte, wurde von meinem Vater Jahr für Jahr ignoriert. Dass mir schlecht wurde, wenn er im Auto rauchte, auch.

Ich gebe heute gerne zu – ich mochte diese Reisen trotzdem. Ich verschwand tagelang in den Dünen, machte meinen »Führerschein« im »Legoland«, zog kiloweise eigene Kerzen in einer Kunsthandwerksmanufaktur, sammelte schon Mitte der Achtziger Pfandflaschen (und hatte plötzlich mehr Geld als sonst in einem Monat, ach was, in einem Vierteljahr), las stundenlang die »Bravo« und lernte mit dem Wetterbericht und der dänischen Ausgabe der TV-Show »Glücksrad«, dem »Lykkehjulet«, sogar ein wenig dänisch. Mein Vater rasierte sich in diesen drei Wochen grundsätzlich nicht und wahrscheinlich waren diese Reisen die einzige Zeit seines Lebens, in der er sich einigermaßen frei fühlte.

Nun also alles noch einmal. Als mein Vater überraschend den Wunsch äußerte, als Familie nach Dänemark zu fahren, lag unsere letzte gemeinsame Reise schon über fünfzehn Jahre zurück.

Ich hatte irgendwann aufgehört, mit meinen Eltern zu verreisen, weil ich mir mehr Erholung davon versprach, wenn sie ohne mich verreisten – und ich allein zu Hause blieb. Aber mittlerweile lebte ich schon lange allein und außerdem noch in einer anderen Stadt, so dass ich spontan einwilligte. Auch, weil mein Onkel und meine Tante zugesagt hatten. Eine Woche Happy Family – was kann da schon passieren? Ich sollte mich – wie so oft in diesen Fragen – irren.

Da waren wir nun also im Herbst 2011. Meine Mutter, meine Tante, mein Vater, mein Onkel und ich. Wir, diese mitunter merkwürdig dysfunktionale Familie, kamen

uns räumlich so nah wie sonst nie: nämlich alle unter einem Dach. Alle in einem riesigen Wohnzimmer mit integrierter Küche, davon abgehend hatten wir winzige Schlafzimmer mit sehr schmalen Betten und sehr dünnen Wänden. Die Zimmer waren so klein, dass man wirklich nur darin schlafen konnte oder wollte. Ich las auf dieser Reise »Die Arena« von Stephen King und ein wenig fühlte ich mich in diesen Tagen ebenfalls wie unter einer Käseglocke.
Kurzum – Privatsphäre gleich null, Konfliktpotenzial gleich einhundert. »Big Brother« oder das »Dschungelcamp« lassen grüßen. Denn von den angekündigten sieben September-Sonnentagen regnete es an sechs. Draußen war es also nass, kalt und windig. Und drinnen wurde es von Tag zu Tag ebenfalls stürmischer.
Mein Vater und mein Onkel redeten den ganzen Tag entweder über ihre nächste Mahlzeit oder ihre letzte Krankheit. Fersensporn, Reizdarm, Schwindel, Fließschnupfen, Ohrensausen, Sodbrennen, Schulterschmerz, Kniearthrose oder Ischias – es schien mir so, als spielten sie Krankheits-Quartett in einer Endlosschleife. Sie taten es umso mehr, je länger das schlechte Wetter andauerte – und eigentlich wirklich immer, wenn sie gerade nicht am Essen waren – oder auf der Toillette saßen.
»Essen ist der Sex des Alters«, sagt meine Mutter dann immer. Aber was sind dann ihre Krankheiten für ältere Leute? »Ich bin krank, also bin ich«, scheint jedenfalls ein zumeist männliches Phänomen des Alters zu sein. Und das besonders in meiner Familie. Und zwar ohne, dass mein Vater bis dato etwas Dramatischeres als einen Beinbruch oder eine Korrektur der Nasenscheidewand erlitten hatte.
Meine Mutter und meine Tante sprachen bisweilen zunehmend über ihre mitunter kränkelnden Beziehungen,

so dass ich, auch wenn ich mich noch so tief in mein über tausendseitiges Buch verkroch, ihre Gespräche schlichtweg nicht überhören konnte – so sehr ich es auch wollte. Und ich wollte wirklich! Wer will schon über das Beziehungsleben seiner älteren Verwandten nachdenken? Ich fühlte mich wie in der Falle. Es folgten wiederkehrende Kämpfe um die Toilette, den Warmwasserverbrauch, die Stromkosten, das Auto, den Kühlschrank, die Musik, die Belüftung, die Beleuchtung, mein Benehmen, meiner Mutters Benehmen, meines Vaters Sturkopf.

Ich entzog mich einmal täglich der Situation, indem ich mich in meinen Mietwagen setzte und zum einzigen WLAN-Hotspot im Umkreis fuhr, um mich ein wenig abzulenken.

Können wir keine Harmonie oder müssen wir uns reiben, um zu sein? Ist Streit unsere Art der Aufmerksamkeit füreinander? Oder langweilen wir uns einfach nur schnell mit uns? Ich habe meinen Vater nie gefragt. Wahrscheinlich hätte er mich spätestens bei dieser Frage für völlig verrückt erklärt. Denn – so sehr wir uns auch streiten konnten – im Gegensatz zu mir war er immer in der Lage, nach fünf Minuten alles wieder zu vergessen. Am Ende dieser Woche bildete ich mir jedenfalls ein, dass ich meinen Therapeuten dringender als je zuvor brauche. Ich habe mir geschworen, dass ich so einen Familienurlaub so schnell nicht wieder machen werde.

Es sollte unsere letzte gemeinsame Reise werden.

84

Meine Eltern wohnen seit beinahe vierzig Jahren in der gleichen Wohnung. Ich war der Grund, warum sie Ende der Siebzigerjahre eine größere brauchten. Und ich bin vermutlich der Grund, warum mein Vater nie ein Haus gebaut hat. Seither sind wir, beziehungsweise meine Eltern, nie wieder umgezogen.

Über die Jahrzehnte hinweg wurden die Risse in den Wänden größer und die Silberfische zahlreicher, aber das störte meine Eltern weniger als mich. Alle paar Jahre wurde renoviert und je älter mein Vater wurde, desto ungenauer wurden die Arbeiten ausgeführt.

Das einzige Zuhause, das ich also kenne, ist eine gemietete Etagenwohnung am grünen Rand Hamburgs. Im Sommer wurde ich morgens von den Vögeln geweckt, und im Winter sind die Nachbarsjungen während der großen Schneekatastrophe 1978 vom Balkon gesprungen. Eingebrochen wurde in vierzig Jahren nie und selbst, als mein Fahrrad mal verschwand, also geklaut wurde, tauchte es ein paar Tage später unversehrt wieder auf. Hier war die Welt stets ein bisschen mehr in Ordnung als anderswo, dafür vielleicht allerdings auch ein bisschen spießiger.

Ich wuchs im Grünen auf, spielte viel unter freiem Himmel, allein oder mit Freunden, manchmal auch im Wald, und die Hauptsache war, dass ich mit dem Läuten der Kirchenglocken um achtzehn Uhr nach Hause kam.

Mein Vater ist ebenfalls in dieser Gegend aufgewachsen, im sogenannten Alstertal, nachdem er, sein Bruder und seine Mutter, also meine Oma, in der Nacht des großen Feuersturms während des zweiten Weltkriegs in Hamburg-Wandsbek ausgebombt wurden. Zwar hat er später für ein paar Jahre in einem anderen Stadtteil, also innerstädtischer, gewohnt, doch nach seiner Scheidung von der Mutter meines Bruders kehrte er, wie ein Lachs, an den Ort seiner Kindheit und Jugend zurück – und blieb dort. Der Vorteil an ihrer – nennen wir es mal Trägheit: Meine Eltern kennen ihre Nachbarn seit Jahrzehnten. Natürlich gab es immer mal einen Wechsel im Haus, aber der hielt sich im Großen und Ganzen in Grenzen. So wurden unsere Nachbarn auch ein beständiger Teil meines Lebens. Das Ehepaar, das unter uns wohnt, und mein Vater kennen sich seit fünfzig Jahren. Sie sind der Grund, warum mein Vater damals unsere Wohnung bekam, in der meine Eltern heute noch wohnen und in der ihre, unsere heile Welt jetzt Tag für Tag und Stück für Stück mehr stirbt.

»Die Feuerwehr hat heute wieder jemanden abgeholt«, sagte meine Mutter stets, wenn irgendein zumeist älterer Bewohner unserer Straße den Notarzt rufen musste. »Nach und nach verschwinden alle.« Dass mein Vater eines Tages zu jenem Kreis zählen könnte, daran hatte wohl auch sie nie gedacht.

Ich gucke in den Kalender. Wenn ich der ärztlichen Prognose glauben darf, dann hat mein Vater noch genau zwölf Wochen zu leben.

Ich sage: »Eigentlich ist sein Zustand doch stabil.«

Meine Mutter antwortet nicht.

Ich sage: »Vielleicht ist es ja doch gar nicht so schlimm.«

Meine Mutter antwortet nicht.

Ich sage: »Vielleicht haben wir ja doch noch mehr Zeit.«

Sie sagt: »Ich glaube nicht.«

Später erfahre ich, warum. Mein Vater ist in der Nacht aus dem Bett gefallen. Er wollte aufstehen und zur Toilette gehen, doch dort kam er nie an. Ob er aus dem Bett gefallen ist oder schon stand und dann hingefallen ist, wissen wir nicht. Er weiß es selbst auch nicht.

Meine Mutter schläft seit Wochen verständlicherweise sehr schlecht, weil sie im Schlaf auf meinen Vater aufpassen will. Wenn er nur kurz nicht atmet, wenn er hustet, wenn er sich umdreht, sie seine Schritte oder sonst etwas aus seiner Richtung hört, ist sie sofort wach. Was ich sonst nur von Müttern und ihren Kindern kenne, scheint auch bei Ehefrauen und ihren Männern zu funktionieren. Diesmal nicht. Meine Mutter wird erst wach, als die Nachbarn in der Nacht klingeln.
Sie haben in ihrem Schlafzimmer, das genau unter dem Schlafzimmer meiner Eltern liegt, ein ungewöhnliches Geräusch gehört. Erst einen dumpfen Knall, dann ein Klopfen oder ein Klimpern an der Heizung. Geräusche dieser Art sind ansonsten sehr selten, denn wenn überhaupt wird man bei uns zu Hause wie gesagt vom Zwitschern der Vögel wach.
Der dumpfe Knall war mein Vater. Als meine Mutter ihn schließlich mit den Nachbarn findet, liegt er zwischen seinem Bett und der Heizung, an die er mit einem Gegenstand geklopft hat, weil er allein nicht wieder aufstehen kann.
Die Nacht, sie ist in dieser Nacht früh beendet. Ebenso die Hoffnung, dass doch alles nicht ganz so schlimm sein könnte.

83

Mein Vater sagt: »Vielleicht ist es besser, wenn es mit mir zu Ende geht.«
Ich sage nichts.
Wie so oft in diesen Tagen frage ich mich, wie weit wir noch gehen können. Was wir aushalten – er mehr als wir.

Wann oder ob wir zerbrechen. Und wie sehr der Krebs noch wüten kann. Doch nie frage ich mich, ob es besser wäre, dass mein Vater schneller stirbt.
Ich gewöhne mir an, jedes noch so kleine, nicht offensichtlich negative Detail positiv zu bewerten. Keine Schmerzen? Ist doch toll. Appetit? Wunderbar! Ein Lächeln, kein Husten? Na bitte, geht doch. Auch wenn ich dabei vermutlich mehr Kalorien verbrenne als bei einem Marathon – ich zwinge mich. Für mich. Und für ihn. Einfach ist es nicht.
Mein Vater sagt: »Das ist doch kein Leben mehr.«
Ich sage: »Leben ist alles außer tot.«
Mein Vater sagt: »Aber ich ... ich sterbe Stück für Stück.«
Ich schlucke. Und sage: »Aber noch bist Du da.«
Mein Vater sagt: »Aber ... aber .... aber ... das bin ich doch nicht mehr.«
Ich lege meine Brille beiseite, damit ich ihn nicht so scharf sehe. Ich gucke gegen das Licht, damit er zusätzlich weichgezeichnet wird. Ich betrüge mich selbst. Mein inneres Auge vergleicht das abgespeicherte Bild meines Vaters mit seinem tatsächlichen. Und kommt zu dem Schluss: Vermutlich hat er Recht.
Ich sage: »Wir nehmen einfach alles, was da ist.«
Mein Vater sagt: »Ich vermisse Dich, mein Hase.«
Ich sage: »Wieso? Ich bin doch hier.«

82

Die Hausärztin meines Vaters ist sicher eine nette und freundliche Frau. Er fühlte sich wohl bei ihr, er ging regelmäßig zu allen möglichen Kontrollen, als er noch konnte.

Es war nicht selten, dass mein Vater seine Arzttermine auf Monate im Voraus plante und, auch da war er eigen, diese Termine hatten immer oberste Priorität. Es kam durchaus vor, dass wir familiäre Aktivitäten verschieben oder absagen mussten, weil wieder irgendeine Untersuchung anstand. Ein Test, eine Spiegelung, ein Abstrich hier, ein Ultraschall da – zum Untersuchen gab es an meinem Vater immer viel.

Die Hausärztin meines Vaters umsorgte ihn meines Wissens also wirklich sehr. Aber ist sie auch besonders fähig? Eines ist sie jedenfalls ganz sicher nicht: entschlussfähig.

Meine Mutter sagt: »Sie will nicht attestieren, dass Papa Finalpflege braucht.«

Ich sage: »Warum denn nicht? Sind wir erst in der Vorrunde? Will sie ihn heilen?«

Finalpflege ist einer dieser Begriffe, den ich bislang noch nicht kannte oder von dem ich nicht wusste, dass es ihn überhaupt gibt. Finalpflege das klingt irgendwie nach einer Spa-Behandlung, nach einem gewonnenen Spiel bei einer Fußball-WM oder einer Backstage-Massage nach einem Finale bei »Deutschland sucht den Superstar«.

Tatsächlich bedeutet Finalpflege allerdings, dass sich die Situation eines Patienten wirklich nicht mehr verbessern wird – und dass er stirbt. Sicher kann niemand auf den Tag genau sagen, wann ein Patient stirbt, aber dass es passieren wird, ist unbestritten. Und genau deswegen ist ein Attest über die Notwendigkeit von Finalpflege nötig, um den Platz in dem Hospiz zu bekommen, das wir bereits besichtigt haben und in das mein Vater lieber heute als morgen einziehen möchte, um dort final gepflegt werden zu können. Oder zu müssen, je nachdem.

Doch seine Ärztin, die ihn jahrelang betreut, untersucht und sicherlich auch an ihm verdient hat, diese Ärztin

fühlt sich weiterhin außer Stande, diesen Bericht zu schreiben.
Ich frage: »Ja wer denn dann, wenn nicht sie?«
Meine Mutter sagt: »Was machen wir denn jetzt?«
Ich sage: »Soll ich sie anrufen?«
Meine Mutter sagt: »Das bringt doch nichts. Sie will einfach nicht. Und ich sitze hier mit deinem Vater ...«
Ich höre, dass meine Mutter versucht, so zu klingen, als ob sie nicht weine. Ich höre auch, dass sie es trotzdem tut. Ich hatte bislang keine Ahnung, dass Tränen Geräusche machen können. Doch seit einiger Zeit kann ich sie hören. Ich höre sie nicht, weil sie etwa ein sturzbachartiges Rauschen erzeugen auf ihrem Weg von den Augen meiner Mutter vorbei an ihren Wangen, ihrem Leberfleck bis zum Kinn herab in den freien Fall. Ich höre ihre Tränen im Atmen, in der Stille, in ihrer Stimme.
Wenn Kinder weinen, sind es zuallererst die Eltern, die es schaffen, sie zu trösten. Aber wie sollen Kinder ihre Eltern trösten? Soll ich meine Mutter in den Arm nehmen? Ihr ein Glas warme Milch oder Kakao bringen? Ihr eine heiße Badewanne einlassen? Ihr einen Witz erzählen, etwas vorlesen, vorsingen oder den Fernseher einschalten?
Wenn Eltern weinen, sind Kinder erstmal ratlos. Ich bin mir lediglich sicher, dass ich mich dieser Situation in nächster Zeit wohl noch häufiger stellen muss – und eine Strategie entwickeln muss.
Ich habe keine solche Strategie, aber ich beschließe in diesem Moment, dass ich meinen Eltern am besten helfe, wenn ich Stabilität und Stärke ausstrahle. Ruhe, Gelassenheit, natürlich Ernsthaftigkeit, aber keine Verzweiflung und schon gar keine Hysterie. Ich bin mir überhaupt nicht sicher, wie und ob ich das alles bewerkstelligen werde.

Ich sage: »Wir schaffen das schon.«
Meine Mutter sagt: »Meinst Du?«
Ich sage: »Ja! Aber wir haben auch keine Wahl.«
Wir beenden das Telefonat.
Ich lege auf.
Ich atme tief durch.
Ich weine.

81

So lange ich denken kann, war mein Vater ein leidenschaftlicher, bisweilen besessener Spieler. Er hatte nicht immer Glück in der Liebe, dafür umso öfter im Spiel. Wenn es um Geld ging, dann spielte mein Vater stets mit angezogener Handbremse, um zumindest plus minus null nach Hause zu gehen. Wenn es hingegen nicht um Geld ging, spielte er oft so, als ginge es um sein Leben. Neben seiner jahrzehntelangen Mitgliedschaft in mehreren Schachvereinen spielte mein Vater am liebsten Skat. Es gab kaum ein Preisskat-Turnier in den Wintermonaten, an dem er nicht teilnahm. Und es gab ebenfalls kaum ein Turnier, bei dem er nicht einen der ersten Plätze belegte.
Diese Turniere fanden oft am ländlichen Rand Hamburgs statt, manchmal auch in Schleswig-Holstein auf irgendwelchen Gutshöfen. Männer seines Alters und älter spielten dann in verräucherten Sälen stundenlang Skat, um am Ende des Abends einen der zumeist Fleischpreise zu gewinnen. Reich werden konnte man als Sieger nicht, aber immerhin satt. Mein Vater kam also meistens mit einem üppigen Schweinerücken, einem Rinderbraten oder Geflügel nach Hause. Und meine

Mutter beschwerte sich stets darüber, dass ihr Gefrierfach eigentlich zu klein sei für seine Trefferquote.
Meine Mutter spielt weder Schach noch Skat, so dass sie und mein Vater sich schon früh andere Spiele miteinander suchen mussten. Anfänglich waren das Kartenspiele. Diese Art Spiele, die oftmals nur sie oder sehr wenige andere Leute kannten. Bis irgendwann Ende der Achtzigerjahre die Würfelbecher bei uns einzogen – und uns seither nie wieder verließen.
»Kniffel« kam meinem Vater, dem Buchhalter, dem Zahlenmenschen, der Rechenmaschine sehr entgegen. Wir verbrachten mal wieder einen dieser Urlaube in Dänemark, und ich kann mich an nichts Anderes erinnern, als dass wir über Stunden hinweg auf unserer Terrasse in den Dünen und in der Sonne saßen und würfelten. Unterbrechungen waren nicht zulässig, außer, wir aßen zu Mittag oder zu Abend oder wir mussten auf die Toilette – was bei meinem Vater immer schon häufiger vorkam als bei mir.
Wenn es zwischen meinem Vater und mir jemals diesen Wettbewerb zwischen Vätern und Söhnen gab, dieses sich aneinander messen, dieses es den Älteren zeigen, dieses »Nimm Dich in Acht vor mir ...«, dann war es zweifelsohne beim »Kniffel«.
Wir spielten nicht um Geld, wir spielten um die Ehre. Um den Ruhm und darum, die beste Strategie zu haben. Wir spielten immer sieben Partien parallel, das erforderte höchste Konzentration und erhebliches Geschick. Ein Spiel dauerte bei uns meist eine knappe Stunde. Wir überboten uns gerne darin, wer bereit war, das größte Risiko einzugehen – um am Ende der lachende Sieger zu sein.
Alles über 2.000 Punkte – oder Augen, wie er es nannte – war für uns akzeptabel. Alles unter 1.800 eine schreck-

liche Blamage, die wir allenfalls von meiner Mutter erwarteten. »Auch dem Verlierer gibt man die Hand« ist so ein Satz, den mein Vater mir immer sagte, als ich wieder mal gewonnen hatte. Natürlich hätte er am liebsten nie verloren. Aber ich bildete mir ein, dass er, wenn er es gegen mich tat, auch ein wenig stolz auf mich war.
Manchmal eskalierte die Situation. Und zwar immer dann, wenn er – wie ich fand – mit Absicht so würfelte, dass ein Würfel zu Boden fiel, damit mein Vater nochmal würfeln konnte. Oder, was seltener vorkam, wenn er sich verzählte und plötzlich 100 Punkte zu viel aufschrieb. Ich gebe zu: Wenn es ganz schlecht für mich lief, habe ich in Momenten, in denen ich mich unbeobachtet fühlte, auch mal aus einer Fünf eine Sechs gemacht. »Da war der kleine Finger aber etwas vorschnell«, sagte er dann immer. Mein Vater hatte, zumindest beim Spielen, ein instinktives Gespür dafür, wenn man ihn betrog. Auf sein Leben übertragen weiß ich nicht, ob das ebenso zugetroffen haben könnte.
Ich frage: »Wie geht's Dir heute?«
Er sagt: »Ich habe Mama im ›Kniffel‹ mit über 2.000 Augen geschlagen.«
Ich sage: »Na bitte!«

80

Aus meiner Zeit als Zivildienstleistender erinnere ich: Pflegestufe 1 war damals, sofern man in einem Pflegeheim wohnte, mehr ein Status und weniger ein Grund zur Besorgnis. Fast alle der älteren Bewohner, mit denen ich während meines dreizehn Monate andauerndn Zivildienstes zu tun hatte, wurden vom Medizinischen

Dienst der Krankenkassen mit Pflegestufe 1 beurteilt. Und viele von ihnen waren morgens um sieben Uhr aufgeweckter und schlagfertiger als ich.
Pflegestufe 1, das waren die Bewohner, die natürlich ein wenig Unterstützung brauchten, aber ansonsten recht froh waren, wenn wir ihren Alltag mehr oder weniger abwechslungsreich und aufregend gestalteten.
Wir, die Zivis, fuhren mit einem bordeauxroten VW Bus und sechs Bewohnern an Bord kreuz und quer durch Hamburg, zum Einkaufen, zum Flohmarkt oder auf den Jahrmarkt. Einmal platzte uns auf einer dieser Ausfahrten, die wir regelmäßig machten, ein Reifen. Aber selbst das wurde von unseren Bewohnern mehr als Abenteuer wahrgenommen und weniger als Unglück. Dass wir Zivis noch nie zuvor einen Reifen gewechselt hatten, geschweige denn wussten, wie man einen Wagenheber benutzte, erzählten wir freilich keinem der Insassen. Geholfen hat uns schließlich ein über neunzigjähriger, ehemaliger Uhrmachermeister – ebenfalls Pflegestufe 1. Wir Zivis taten jedenfalls alles, was wir mit unseren Großeltern auch getan hätten – egal, welche Pflegestufe man ihnen gegeben hatte. Denn wir, die Zivis und die Bewohner wussten: Pflegestufe 1 bedeutete für viele lediglich ein wenig mehr finanzielle Unterstützung von den Pflegekassen und somit ein bisschen mehr Taschengeld. Denn: Die Heimkosten waren Mitte der Neunzigerjahre bereits immens. Da war jede zusätzliche Mark mehr als willkommen.
Dass meine Eltern jemals in Pflegestufen kategorisiert werden würden, war für sie selbst und auch für mich damals so unvorstellbar wie der Anschlag auf das World Trade Center ein paar Jahre später. Aber wir sollten uns irren. Und die Folge unseres Irrtums war ähnlich vernichtend.

Meine Mutter sagt: »Heute kam ein Brief. Dein Vater hat jetzt Pflegestufe 1.«
Ich sage: »Das ist doch toll.«
Sie sagt: »Das ist ein Witz.
Ich sage: »Wieso? Hat er wenigstens gelacht?«
Sie sagt: »Das sind 350 Euro Pflegegeld im Monat. Das reicht doch hinten und vorne nicht.«
Ich sage: »Es ist besser als nichts.«
Sie sagt: »Wie soll das denn weitergehen? Was tun wir, wenn Papa ins Heim muss? Wer soll denn das bezahlen?«
Geld, Geld und immer wieder Geld. Wie kommt es nur, dass die Menschen so gerne zuerst an Geld denken und dabei oft das Wesentliche übersehen? Sicher – auch ich würde nicht unbedingt gern auf einen beträchtlichen Teil meines Einkommens verzichten, um meinen Anteil an der Unterbringung meines Vaters in einem Mittelklasse-Pflegeheim zu leisten. Aber der eigentliche Preis ist doch verdammt nochmal immer noch, dass er stirbt!
Ich sage: »Das überlegen wir, wenn es so weit ist.«
Wir alle spüren, dass dieses »Wenn es so weit ist« nicht mehr weit ist.

79

Drei Wochen sind seit dem Tag vergangen, der mich in einen permanenten Countdown versetzt hat. Drei Wochen, in denen ich versuche, die verbleibende Zeit mit meinem Vater nicht in Minuten, in Stunden oder in Tage einzuteilen, sondern in Momente und in Gefühle.
Momente mit meinem Vater zu schaffen, ist überraschend einfach. Hatten wir früher, in den guten, den

gesunden Zeiten wegen ständiger, sinnloser Streits nur wenige davon, kreieren wir sie jetzt geradezu.
Wir essen Kuchen. Wir telefonieren. Wir spielen. Wir unterhalten uns. Wir erinnern uns. Ich zünde meinem Vater eine Zigarette an, oder zwei. Ich helfe ihm beim Aufstehen aus seinem Sessel. Ich halte ihn an den Händen, wenn er nicht weiterlaufen kann. Wir lachen immer noch häufiger als wir weinen.
Doch ein Gedanke lässt mich nicht los: Werden das unsere letzten – mehr oder weniger – schönen Momente gewesen sein? Werden die guten Erinnerungen an meinen Vater für immer an den Krebs gefesselt sein – weil wir viele Jahre vorher wirklich fast alles dafür getan haben, einfach keine guten Momente entstehen zu lassen? Ich traue mich nicht, eine eindeutige Antwort zu geben.
Aber es sind eben nicht nur die Momente, die meinen Alltag einteilen. Es sind auch Gefühle. Meine Gefühle übernehmen zunehmend die Kontrolle über mich, spielen mit mir, wie sonst nur mein Vater mit seinen Figuren auf seinem Schachbrett. An guten Tagen bin ich die – in ihren Zügen höchst flexible – Dame. An schlechten Tagen bin ich ein Bauer, der entweder einen Schritt vor oder einen zurückgeht. Ich bin dann nicht belastbar. Fliege auf Autopilot. Kann nicht mehr lachen, nicht mehr echt zumindest. Ich fühle mich zunehmend matt, versuche aber, mir nichts anmerken zu lassen. Nicht vor meinen Eltern, natürlich. Und auch nicht im Alltag.
Ich streite mich mit meiner ehemals besten Freundin Iris darüber, warum ich mich nicht beurlauben lasse. Oder krankschreiben. Doch ich nehme mir vor, dass ich darüber erst dann nachdenken werde, wenn es noch schlimmer wird. Noch schlimmer. Geht das überhaupt? Ich vermute, es kann immer schlimmer werden.

Vielleicht, wenn er nicht mehr aufstehen kann? Oder fantasiert? Dahin dämmert unter Morphium? Ich mache mich auf alles gefasst und fühle mich dennoch auf eine seltsame Art und Weise fremd in meinem eigenen Leben.

Das waren definitiv nicht die Themen, mit denen ich mich beschäftigen wollte. Zumindest jetzt noch nicht. Ich hatte immer unterschwellig die Hoffnung, nie so richtig erwachsen werden zu müssen. Nach außen bin ich, je nachdem, wie lange ich geschlafen habe, neununddreißig, klar. Aber nach innen fühle ich manchmal immer noch wie das Kind, das ich einmal war. Wenn meine Eltern anwesend sind sowieso. Mein Vater nennt mich immer noch »Mein Hase« und meine Mutter würde mir vermutlich immer noch täglich meinen geliebten, dreistöckigen Pudding kochen, den sie seit Jahrzehnten nicht mehr machen kann, weil der Orangen-Pudding, also die mittlere Schicht, seit Mitte der Achtziger offenbar wegen zu viel Chemie nicht mehr im Handel ist. Dieses an sich angenehme Gefühl, dass die Zeit stehen geblieben sein könnte, zumindest für einen kurzen Moment, habe ich immer nur mit meinen Eltern. Dieses vertraute Gefühl, dieser wohlige Mantel, dass sich einige Dinge im Leben einfach nie ändern werden, wie der Geschmack der Rhabarbergrütze, der Königsberger Klopse oder des Rosinenkuchens meiner Mutter. Der Geruch meines Vaters, seine Vorliebe für Strickwesten oder Ledersohlen. Ich würde alles, aber auch wirklich alles dafür verwetten, dass sich diese Dinge auch in tausend Jahren nicht ändern würden.

Ich hatte ehrlich gesagt nie ein großes Problem damit, nicht erwachsen zu werden. Ich dachte immer, dass es auch Vorteile haben könne, mir einen Teil meiner Kindheit, meiner Fantasie, meiner Fähigkeit, die Welt mit

anderen Augen zu sehen, zu bewahren. Aber ich spüre auf einmal, dass es auch mir nicht gelingen wird.
Wenn ich allein bin, in der Dunkelheit oder auch einfach nur in der Stille, gelingt es mir meist nicht, die Fassade der Stärke aufrecht zu erhalten. Ich war oft allein, aber zum ersten Mal in meinem Leben fühle ich mich auch so. Machtlos. Hilflos. Kraftlos.

78

Noch immer ist die knapp bemessene Zukunft meines Vaters nicht geklärt. Doch immerhin soll seine ärztliche Versorgung jetzt besser organisiert werden.
Zum ersten Mal in unserer Familiengeschichte haben wir also Kontakt mit einem Palliativmediziner. Er kommt ins Haus und, es klingt absurd, wir freuen uns auf seinen Besuch.
Ich behaupte, dass weder meine Mutter – und mein Vater erst recht nicht – jemals zuvor diesen Begriff in den Mund genommen haben, aber ich kann mich auch irren.
Mein Vater sagt lachend: »Pallia…tief gefallen bin ich.«
Meine Mutter verdreht die Augen.
Sie sagt: »Das müssen die Medikamente sein, dass Dein Vater so spricht.«
Ich sage: »Na, immerhin nicht vom Balkon gefallen.«
Er sagt: »Aber auf den Kopf. Das ist bescheiden mit mir.«
Meine Mutter sagt: »Jetzt kommt Dein Vater nicht mehr alleine aus dem Bett raus.«
Er sagt: »Es ist aber auch so bequem.«
Habe ich mich mein Leben lang immer über den wie ich fand fehlenden, mangelhaften oder wenn überhaupt holprigen Humor meines Vaters aufgeregt, wundere ich

mich neuerdings zunehmend über seinen Galgenhumor.
Der Palliativmediziner guckt sich meinen Vater an: Hier und da tut es ihm im Rücken weh, oft in der Rippengegend, und auch die Füße, speziell ein Zeh, schmerzen. Er sagt, er könne uns bei diesem Krankheitsbild wenig Hoffnung machen. Er verändert seine Schmerzmedikation und verschreibt eine Verordnung für den Pflegedienst, der künftig morgens immer die Beine meines Vaters wickeln soll, weil er morgens und im Laufe des Tages oft geschwollene Füße hat.
Der Pfleger, der sich ab jetzt um meinen Vater kümmern wird, heißt wie ein Wodka und ein ehemaliger russischer Ex-Präsident. Wann immer ich meinen Vater gar nicht anders zum Lachen bringen kann, werde ich ihn fortan also fragen, wie er seinen Wodka vertragen hat. An guten Tagen lacht mein Vater. An schlechten erinnert er mich daran, dass er noch nie gerne Wodka getrunken habe.
Dass der Palliativmediziner keine Heilung, wahrscheinlich nicht mal einen Aufschub bringen kann, war uns allen klar. Die Hoffnung, dass er mehr tun könne, hatten wir allerdings auch. Er erklärt uns, dass es bei diesem Krankheitsbild sicher noch schlimmer werde. Keiner von uns wundert sich. Der Arzt will künftig alle vierzehn Tage kommen. Nicht oft für einen Patienten, für den vierzehn Tage, also zwei Wochen, einen beträchtlichen Anteil Leben bedeuten können.
Mein Vater sagt: »Wir haben heute Windeln ausgesucht. Von Dir waren keine mehr übrig, mein Hase. Dabei brauchtest Du die so lange.«
Ich sage nichts.
Meine Mutter sagt: »Wir haben alle möglichen Größen probiert.«
Mein Vater sagt: »Aber nur für die Nacht.«

Ich sage: »Und wenn schon ...«
Mein Vater sagt: »Nein. Das will ich nicht am Tag. Das riecht.«
Meine Mutter weint.
Sie sagt: »Ich bin heute nicht gesprächig.«
Papa weint auch.
Er sagt: »Es geht beschissen.«
Ich sage: »Vielleicht ist es ja am Nachmittag besser«.
Am Nachmittag würfeln wir. Ich gewinne im »Kniffel« gegen meinen Vater. Aber nur ganz knapp.

77

Was ist normal, wenn nichts mehr normal ist? Im eigenen Bett zu schlafen, aber nicht mehr aufstehen zu können? Stehen aber oft nicht sitzen zu können? Gehen aber sich allein oft nicht umdrehen zu können? Die Grenzen zwischen normal und nicht mehr normal verschieben sich in meinem Leben gerade täglich.
Mein Vater schafft es nachts alleine nicht mehr aus dem Bett aufzustehen. Eine Zeit lang haben wir ihm damit geholfen, einen Gürtel an die Heizung neben seinem Bett zu binden, an dem er sich festhalten und hochziehen konnte, wenn er mal musste. Und das kam meist mindestens einmal in der Nacht vor. Doch das geht nun nicht mehr. Durch die Entwässerungstabletten, die er neuerdings nimmt, scheint mein Vater vor allem nachts unter erhöhtem Harndrang zu leiden.
Meine Mutter sagt: »Wir mussten heute Nacht um vier die Windel wechseln. Alles war nass.«
Meine Mutter sagt das so, mit einer beinahe beängstigenden Normalität, als habe sie nie etwas anderes ge-

macht, als meinem Vater frische Windeln anzuziehen. Und auch mein Vater nimmt den schrittweisen Verlust seiner Körperfunktionen, ja, seines Lebens, in einer stoischen Ruhe hin, als würde er sich jeden Tag von einem winzigen Teil seines Körpers oder seines Alltags verabschieden.
Sie sagt: »Tagsüber bekommen wir es mit der Toilette ganz gut hin. Nur eben nachts nicht.«
Heute Morgen auch nicht.
Mein Vater sagt: »Michi, ich habe mir in die Hose gemacht.«
Ich sage: »Alles Scheiße gerade.«
Er lacht und sagt: »War nicht so schlimm, nur nass.«
Wenn diese Krankheit überhaupt einen Vorteil hat, dann den, dass uns eigentlich alles egal ist – so lange mein Vater noch lebt.
All die Auseinandersetzungen der vergangenen Jahrzehnte verblassen vor dem Bild, das jetzt von Tag zu Tag deutlicher wird. Das Phänomen, dass wir Menschen immer erst aufwachen, wenn es zu spät oder fast zu spät ist, scheint zwar zu stimmen. Aber dennoch ist es nie zu spät, noch etwas zu ändern.
Unser letzter Streit liegt wenige Wochen zurück. Wir wussten schon, dass mein Vater maximal noch ein Jahr leben würde, wir wussten allerdings nicht, wie sehr sich die Ärzte mit dieser Prognose irrten. Am ersten Weihnachtstag wurde meinem Vater in der Küche plötzlich schwindelig. Er drohte umzufallen, warf mit seinem Arm ein paar Gläser durcheinander, aus denen wir am Vorabend noch Wein getrunken hatten. Kurz darauf war er käseweiß im Gesicht und musste sich noch im Stehen übergeben. Zum Glück hatte meine Mutter geistesgegenwärtig die orangefarbene Schüssel zur Hand, in der ich als Baby immer gebadet wurde und die sie später, als

ich zu groß war – was ziemlich schnell der Fall war – als Fußbadewanne benutzte.
Mein Vater verbrachte den halben Nachmittag sitzend im Sessel. Blass, apathisch und überwiegend schlafend. Seine Operation am Gehirn lag noch nicht lange zurück. Weil sich sein Zustand nicht besserte, hat meine Mutter die Feuerwehr gerufen – und mein Vater kam wieder ins Krankenhaus.
Ich konnte mir bis dato nicht vorstellen, dass Menschen wegen vermeintlich harmloser Dinge wie Schnittwunden, Kopfschmerzen oder einfach bloß Blähungen freiwillig einen halben Tag in der Notaufnahme sitzen wollen würden, schon gar nicht an Weihnachten. Aber sie taten es doch.
Wir verbrachten also viele Stunden im Warteraum, mein Vater lag unterdessen ein paar Meter und ein paar Glastüren entfernt weiter allein auf einem Korridor auf einer Pritsche und wartete darauf untersucht zu werden. Er hatte inzwischen eine Infusion bekommen und war wieder einigermaßen klar. Als meine Mutter und ich kurz nach ihm sehen wollten, forderte mich eine forsche Schwester auf, sofort den Bereich zu verlassen. Ich wünschte ebenfalls fröhliche Weihnachten – und ging.
Das Krankenhaus behielt meinen Vater sicherheitshalber dort. Vielleicht fühlte man sich zuständig, zumindest erinnerte sich der diensthabende Arzt in der Notaufnahme an ihn, weil er ihn auch schon nach seiner Operation behandelt hatte. Meine Eltern waren beide erleichtert. Ich spürte in letzter Zeit immer wieder, dass nicht nur meine Mutter, sondern auch mein Vater Angst hatte. Und meine Mutter nahm die Aussicht auf eine ruhige Nacht ohne Sorge, meinem Vater könne etwas passieren, dankbar an.

Am nächsten Tag, als wir ihn besuchten, ging es ihm

schon wieder ganz gut. Die Untersuchung hatte ergeben, dass keine Blutung im Gehirn vorlag und dass es sich offenbar um eine normale Reaktion auf die Operation gehandelt haben muss.
Meine Mutter sagt: »Hast Du den Ärzten gesagt, dass Du nicht laufen kannst? Dass Deine Füße nicht wollen? Du schreist doch auch immer wie am Spieß, wenn ich Dir nur die Socken anziehe.«
Mein Vater sagt: »Nein, wieso?«
Meine Mutter schüttelt den Kopf und verlässt das Zimmer, um den Arzt zu suchen, damit wenigstens sie mit ihm darüber sprechen kann, wenn mein Vater schon so tut, als sei alles ganz normal.
Ich sage: »Ich verstehe Dich nicht. Das geht so nicht weiter. Du musst den Ärzten die Wahrheit sagen. Wenn Du uns sagst, dass mit Deinen Füßen etwas nicht stimmt, wieso sagst Du es dem Arzt nicht? Die denken ja, wir sind irre. Wie lange denkst Du denn, hält Mama das noch aus? Guck sie Dir doch an, wie dünn sie geworden ist. Wenn sie umkippt und sich nicht mehr um Dich kümmern kann – wer soll das denn tun? Ich bin in Berlin. Ich kann nicht einfach alles Stehen und Liegen lassen …«
Ich werde immer lauter.
Mein Vater sagt: »Hör auf, Michi. Hör endlich auf! Das ist mein Leben.«
Ich sage: »Und was ist mit uns? Was ist mit unserem Leben? Kannst Du nicht auch mal an uns denken?«
Als ich meine Mutter auf dem Korridor höre, drehe ich mich um, damit sie nicht sieht, dass ich weine. Sie sieht es dennoch.
Sie sagt: »Was ist hier los?«
Ich sage: »Nichts. Ich bin wie immer einfach nur ein ungezogenes, freches Kind.«
Mein Vater sagt: »Nein.«

Ich gehe ins Badezimmer, wische mir die Tränen aus dem Gesicht und zähle bis zwanzig, bevor ich es wieder verlasse. Es war unser letzter Streit. Nie zuvor habe ich bei einem Streit mit meinem Vater geweint, zumindest kann ich mich nicht daran erinnern. Nicht vor Wut und nicht aus Traurigkeit. Nie, aber auch nie hätte ich mir die Blöße gegeben, ihm zu zeigen, dass er es schafft, mich zu verletzen. Denn das wäre das Letzte gewesen, was ich ihm zugestanden hätte.
Dieser letzte Streit war ein weiterer von vielen Abschieden, die ich fortan durchlebt habe.
Noch einmal in dieser Weise vor ihm die Fassung zu verlieren, ihn anzuschreien, wollte ich mir nie wieder erlauben.
Mein Vater sagt: »Ich brauche keine neuen Hausschuhe mehr.«
Seine alten Hausschuhe passen ihm neuerdings nicht mehr, oder nicht mehr immer, weil seine Füße oft geschwollen sind.
Mein Vater sagt: »Wozu willst Du denn welche kaufen? In zwei Wochen bin ich tot.«
Meine Mutter fragt, woher er das denn wisse.
Mein Vater zuckt mit den Achseln und schweigt lange.
Er sagt: »Es fühlt sich so an.«

76

Meine Mutter sagt: »Dein Vater ist wieder zu Hause, doch das Elend geht weiter.«
Elend, das ist eines dieser Wörter, das in meinem Umfeld eigentlich nur meine Mutter verwendet. Und zwar nicht, wenn sie über Hungerkatastrophen in Afrika,

Armut in Indien oder sämtliche Kriege auf der Welt spricht. Nein, Elend ist ihr Wort für die mal kleineren, mal größeren Widrigkeiten des Alltags.
Meine Mutter versucht, wann immer es geht, so mit mir zu telefonieren, dass mein Vater mich nicht hört. Früher ist sie dafür manchmal in den Keller gegangen. Doch da sie meinen Vater momentan nicht mehr allein lassen will, ist die für sie einzige Option das Klo.
Ich frage: »Bist Du im Bad?«
Sie sagt: »Nein, Papa schläft.«
Ich sage: »Wie geht's ihm?«
Sie sagt: »Wir kommen einfach morgens nicht aus dem Bett.«
Ich frage: »Du auch nicht?«
Sie sagt: »Ich kann sowieso nicht schlafen. Papa kommt nicht auf die Füße. Er ist wie ein Mehlsack.«
Ich: »Und wenn Ihr Euch erst hinsetzt und was trinkt?«
Sie sagt: »Das habe ich auch schon gedacht. Aber Dein Vater muss ja immer sofort ins Bad.«
Ich frage: »Und wenn Ihr ganz langsam macht?«
Meine Mutter sagt: »Er kommt einfach nicht vom Fleck. Manchmal stehen wir minutenlang am Bett und er kommt einfach nicht weiter.«
Ich sage: »Vielleicht sitzt eine neue Metastase an der Wirbelsäule und drückt.«
Meine Mutter sagt: »Oder im Kopf.«
Ich weiß nicht, wann genau wir angefangen haben, über Metastasen so zu reden, als seien sie Zubehörteile eines Autos. Aber die Versachlichung des Unvermeidlichen lässt uns zwischendurch immer mal wieder kurz durchatmen.
Ich frage: »Was sagt Papa denn?«
Meine Mutter sagt: »Dass er nicht mehr will.«
Ich versuche, normal zu klingen. Ich dachte immer, dass

ich allein schon durch meinen Beruf ein Pokerface habe, zumindest jedenfalls die Fähigkeit, mir nichts anmerken zu lassen. Ich scheitere gerade jedes Mal, wenn ich es versuche. Ich will meine Mutter natürlich nicht belügen. Ich will sie aber auch nicht unglücklicher machen.
Ich sage: »Es könnte doch noch viel schlimmer sein ...«
Meine Mutter sagt: »Ich schaffe das nicht mehr lange. Heute hat Dein Bruder das Elend mal gesehen.«
Mein Bruder lebt in der Nähe von Hamburg. In den letzten Tagen und Wochen hat er sich rargemacht. Ich suche das Elend, er meidet es offenbar noch. Ich kann ihn verstehen.
Ich frage: »Was meinst Du?«
Meine Mutter sagt: »Dein Vater hat es nicht zum Klo geschafft. Seine ganze Hose war nass. Und der Boden auch.«

75

Mein Vater kann sich plötzlich nicht mehr setzen. Nicht, weil er Schmerzen hat. Oder weil er nicht will. Es geht einfach nicht.
Er steht eine Stunde vor seinem Sessel und kommt einfach nicht runter. Er steht in der Küche vor seinem Essen und kann nichts weiter tun, als an seinem Platz zu stehen. Er wippt ein wenig mit den Knien, doch weiter runter kommt er nicht.
Meine Mutter sagt am Telefon: »Ich kann das nicht mehr. Ich nehme mir einen Strick.«
Ich weiß oder ich vermute, dass sie es nicht ernst meint, aber was, wenn doch? Verliere ich durch diesen verdammten Krebs jetzt meine Mutter und meinen Vater

auf einmal? Seit Wochen versuche ich, meine Mutter zu überzeugen, die Hilfe eines Therapeuten in Anspruch zu nehmen, doch sie lehnt diese Möglichkeit vehement ab.
Ich sage: »Setz ihn nicht unter Druck. Papa merkt doch auch, dass es nicht gut um ihn steht.«
Sie sagt: »Hör auf zu klugscheißen.«
Ich habe das Glück, dass ich nicht vierundzwanzig Stunden am Tag in der Situation bin. Ich habe allein schon deswegen Auszeiten, weil ich in einer anderen Stadt lebe. Das macht die Situation nicht besser, aber erträglicher.
Ich sage: »Wenn Papa am Tisch nicht sitzen kann, dann könnt Ihr doch einfach beide im Stehen essen. So hat er nicht das Gefühl, dass er etwas nicht kann und ihr könntet …«
Meine Mutter sagt nichts.
Ich sage: »Das setzt ihn doch auch unter Druck. Ich weiß, dass es schwierig ist. Aber wir dürfen die Nerven nicht verlieren.«
Sie sagt: »Du hast gut reden. Du bist ja nicht hier. Es geht so nicht weiter. Dein Vater springt mir noch vom Balkon. Oder ich.«
Ich sage: »Ich hoffe, Ihr wartet wenigstens, bis der Arzt kommt.«
Meine Mutter lacht. Ein klein wenig jedenfalls. Es ist einer dieser Momente, in dem kurz die Hoffnung aufkeimt, dass das Gute doch gewinnen kann – wenn man nur will.
Sie sagt: »Wo nimmst Du das her?«
Ich sage: »Ich weiß es auch nicht.«
Am Nachmittag kommt der ambulante Palliativarzt zum zweiten Mal zu Besuch. Der Arzt, der letzte Woche noch ein Hoffnungsträger für uns war. Der Arzt, der weiß, was er tut. Einer, der meinen Vater nicht retten, sich aber kümmern könnte.

Heute rauscht er rein und wieder raus und ist keine wirkliche Hilfe. Dass mein Vater zunehmend immobil wird, das sei eben der normale Verlauf. Dass er seinen Verfall in Echtzeit bei vollem Bewusstsein miterlebt, das könne man nicht ändern. Dass mein Vater nicht mehr aufstehen kann und meiner Mutter die Kraft ausgeht, das sei schlimm, aber da könne man nun einmal wenig tun.

Der Arzt hört sich kurz die aktuellen Veränderungen aus den letzten Tagen an. Doch auch er will keine Einweisung für meinen Vater schreiben oder gar die Finalpflege attestieren. Da ist sie wieder, die Finalpflege. Vom großen Finale sind wir offenbar noch zu weit entfernt. Wir sind immer noch in der Vorrunde.

Meine Mutter verabschiedet den Palliativarzt und rechnet nicht damit, ihn noch einmal ins Vertrauen zu ziehen, geschweige denn, ihn noch einmal zu sehen. War sie am Vormittag noch wie gelähmt vor lauter Schmerz und Hoffnungslosigkeit, ergreift sie jetzt die Initiative. Sie ruft in der Neurochirurgie an, in der mein Vater operiert wurde. Dr. S., der uns die Operation am Gehirn ans Herz gelegt hatte und dann, wenige Wochen später, über den Zustand meines Vaters erschrocken war, hatte uns damals versprochen, zu helfen, wenn wir ihn bräuchten. Das tut er jetzt auch: Er schickt direkt ein Fax – und überweist damit meinen Vater an die Palliativstation im Hamburger Krankenhaus Ochsenzoll.

Dann geht alles ganz schnell. Innerhalb einer Stunde wird mein Vater mit einem Krankentransport abgeholt. Wir ahnen, dass er sein Zuhause, den Ort, an dem er die letzten vierzig Jahre gelebt hat, für immer verlassen wird.

Ich sitze in Berlin, in meinem Zuhause und rufe zum wiederholten Mal an diesem Tag bei meinen Eltern an. Ich lasse mir meinen Vater am Telefon geben. Er sitzt

auf seinem Sessel. So korrekt angezogen, als fahre er ins Büro und nicht in ein Krankenhaus.
Er sagt: »Tschüss, mein Michi.«
Ich sage: »Aber Papa – wir sehen uns doch noch.«
Mein Vater sagt: »Das weiß ich nicht.«
Ich sage: »Aber ich.«
Mein Vater sagt: »Danke, mein Michi.«

74

Meine Mutter sagt: »Wir haben ihn nicht gezwungen. Ich habe ihn gefragt. Dein Vater wollte es auch.«
Jeder, der in Hamburg aufgewachsen ist oder lebt, weiß: Ochsenzoll ist nicht nur ein Stadtteil und eine Station der U-Bahn-Linie U1, Ochsenzoll war immer auch ein Synonym für die dort ansässige Psychiatrie. Psychisch kranke Mörder, Triebtäter oder Lebensmüde – sie alle kamen und kommen nach Ochsenzoll. Das wusste ich schon als Kind, nicht erst, seit die Schwiegermutter meiner Schwester dort eingeliefert wurde und sie bei einem unserer Besuche bei ihr in der Klinik dachte, ich wolle sie festbinden.
Nun ist mein Vater also auch in Ochsenzoll. Ich denke mir: Sein Kopf funktioniert ja neuerdings auch nicht immer ganz richtig, wahrscheinlich macht das also Sinn. Die Station, die meinen Vater aufgenommen hat, hat nur sechs Zimmer. Ich bin überrascht. Eine kleine Station, das klingt erstmal gut. Geriatrie hingegen klingt nicht so gut. Denn dort ist die Palliativstation angesiedelt. Geriatrie, das ist schon wieder so ein Wort, das ich niemals in Verbindung mit meinen Eltern in den Mund nehmen wollte.

Mein Vater verbringt seine erste Nacht auf der Geriatrie in einem Beobachtungszimmer gegenüber des Schwesternzimmers. Er macht Bekanntschaft mit dem Pfleger Ali. Wohl auch, weil er dessen Zigaretten durch die Brusttasche seiner Kleidung sieht.
Als meine Mutter meinen Vater am Nachmittag zum ersten Mal besuchen will, ist sein Zimmer leer. Beobachtet wurde er scheinbar wenig bis gar nicht.
Sie fragt: »Wo ist mein Mann?«
Keiner weiß es. Sie sucht meinen Vater auf den Fluren, im Aufenthaltsraum, in der Raucherecke. Sie findet ihn nicht. Zurück in seinem Zimmer fällt meiner Mutter auf, dass die Badezimmertür von innen verschlossen ist. Sie klopft an der Tür und ruft ihn.
Meine Mutter hört schließlich eine schwache Stimme und holt Hilfe. Ali schließt die Tür von außen auf. Mein Vater ist gestürzt und hat dadurch die Toilettentür von innen beinahe versperrt. Ich muss an meine Oma denken, die Mutter meines Vaters. Sie ist ebenfalls einmal in ihrem Badezimmer gestürzt, hat die Tür von innen versperrt, musste von der Feuerwehr durchs Fenster befreit werden und kam in den nächsten, restlichen fünf Jahren ihres Lebens nie wieder auf die Beine.
Wie lange er dort liegt, weiß mein Vater nicht. Schon wieder bricht er sich nichts, was beinahe ein Wunder ist, denn sein Kopf verfehlt die Toilettenschüssel nur knapp. Meine Mutter betritt das Badezimmer absichtlich nicht, weil sie meinen Vater dort nicht liegen sehen möchte.
Meine Mutter fragt: »Warum passen die nicht besser auf? Warum schließt er auch die Tür ab?«
Ich sage: »Vielleicht wollte er einfach seine Ruhe haben.«
Sie sagt: »Wenn er so weitermacht, hat er schneller Ruhe, als ihm lieb ist.«

73

Mein Vater ist gerade zwei Tage im Krankenhaus und schon ist er krank. Zugegeben: Gesund eingeliefert wurde er nun auch nicht gerade, aber er benimmt sich anders als zu Hause.

Mein Vater hat Fieber, trinkt zu wenig und es geht ihm merklich schlechter. Sein Zeh schmerzt, ans Laufen ist gar nicht zu denken und auch das Sitzen fällt ihm schwer. Dass er Hilfe annehmen müsste, um sicher auf die Toilette zu kommen, scheint er noch zu verdrängen. Immer wieder versucht er es, immer wieder müssen meine Mutter und ich ihn davon abhalten, allein »auf Wanderschaft« zu gehen, wie meine Mutter zu sagen pflegt.

Er sagt: »Ich habe vier Kilo abgenommen.«

Ob mein Vater wirklich in zwei Tagen vier Kilo abgenommen hat, ist schwierig zu beurteilen. Wir glauben es nicht und außerdem gibt es auch weit und breit keine Waage, auf die er sich hätte stellen können. Geschweige denn, dass er sich überhaupt allein hinstellen könnte. Doch in wachen Momenten zweifeln wir immer noch daran, dass nicht immer alles, was er sagt, dem tatsächlichen Geschehen entspricht. Er habe, so sagen die Ärzte, eine ziemlich gut funktionierende Fassade. Und auch ich nehme diese Kulisse, nichts Anderes ist es ja, eine Hülle meines Vaters, unter der ein Krieg tobt, hin und wieder gerne und dankbar an.

Ich sage: »Ach was, das kann doch gar nicht sein. Welche Diät machst Du denn?«

Mein Vater lacht, ich auch.

Er sagt: »Die Krebs-Diät. Er isst mehr als ich.«

Ich sage: »Der isst Dich auf?«

Er sagt: »Ich glaube ja. Mein Zeh ... aua, aua.«

Ein Zeh meines Vaters schmerzt ihn neuerdings immer stärker. So, wie der Finger mit der Metastase, der schließlich amputiert werden musste. Doch wir versuchen, nicht darüber nachzudenken, dass möglicherweise auch noch sein Zeh amputiert werden muss.
Ich sage: »Hoffentlich bleibt uns das erspart ...« und spreche mehr zu mir als zu ihm.
Er sagt: »Was denn? Dass ich Stück für Stück immer weniger werde?«
Ich sage: »Das auch.«

72

Draußen, in der realen Welt, scheint die Zeit von Tag zu Tag schneller zu vergehen. Das Leben meines Vaters hingegen verläuft von Tag zu Tag langsamer.
Ist der Tod, ist das Sterben eine neue, bizarre Art der Entschleunigung? Läuft das Leben uns davon und wir bleiben erst als Sterbende und schließlich als Tote zurück? Es kommt mir fast so vor.
Als ich meinen Vater auf der Palliativstation besuche, sitzt er aufrecht in seinem Bett und rasiert sich. Ich habe es immer gehasst, wenn ich als Schüler morgens nicht ins Badezimmer konnte, weil mein Vater sich mal wieder ausufernd seinem Bart widmete. Ein Bart, den er außer in den Ferien nie hatte. Und auch ein Bart, mit dem er schon im Ansatz aussah, als sei er ein Schwerverbrecher, wie meine Mutter ihm stets bescheinigte. Doch im Vergleich zu der Rasur, die ich heute sehe, waren es damals, als ich nervös und genervt vor der Badezimmertür stand, wahrscheinlich nur wenige Minuten.
Mein Vater hatte schon immer die Fähigkeit, die Welt

um sich herum vollkommen auszublenden. Doch was ich gerade sehe, ist selbst für seine Verhältnisse rekordverdächtig.
Ich klopfe an die offene Tür – er reagiert nicht.
Ich begrüße ihn – sein Kinn ist wichtiger.
Ich versuche es noch einmal – doch nichts könnte ihn stoppen.
Früher wäre ich spätestens jetzt wahrscheinlich schon mehrfach ausgerastet, doch heute halte ich mich erstaunlich entspannt.
Vielleicht auch, weil dieser Moment, der zeitlupenartige Anblick meines Vaters mit seinem Rasierer mir einen nostalgisch-warmen Schauer den Rücken herunterlaufen lässt. Dieses Geräusch des Rasierers, sein Blick, seine bisweilen gerümpfte Nase und die konzentriert zusammen gepressten Lippen, die einen glauben lassen könnten, dass mein Vater sich auf die Zunge beißt, damit bei seiner Rasur bloß alles korrekt abläuft, erweckt kurz den Eindruck, dass alles so sei wie immer. Wie Jahre, wie Jahrzehnte zuvor.
Wenn meine Mutter oder ich meinem Vater nicht abwechselnd immer mal wieder ein neues Aftershave geschenkt hätten, wäre er wohl immer noch bei Tabac geblieben. Dank uns hat er es immerhin zu Gucci oder Aramis gebracht. Doch ganz egal, was mir am besten gefiel – ich würde jetzt in diesem Moment alles lieber riechen, als den sterilen, Desinfektionsmittel geschwängerten Krankenhausgeruch.
Das Rasieren, es schickt mich auf eine Zeitreise. Für einen Moment bin ich wieder klein und mein Vater ist wieder der, der er immer war. Wie simpel das doch geht, denke ich. Ich brauche keinen Computer oder sonstige Technik, mir reicht ein Geräusch, das ich nie mochte.

Erst als ich neben meinem Vater an seinem Bett stehe und eine Hand auf seine Schulter lege, unterbricht er sein Ritual, allerdings nur kurz. Er lächelt mich an, als hätten wir uns heute schon stundenlang gesehen, und widmet sich wieder seinem Spiegelbild.
Er sagt: »Bin ich das?«
Ich sage: »Ja, klar, wer sonst? Ich bin es nicht.«
Er sagt: »Das bin ich nicht.«
Ich sage: »Nicht Dein altes Ich vielleicht. Aber ... aber ein neues.«
Seit seiner Operation am Gehirn hat mein Vater eine andere, eigentlich gar keine Frisur mehr. Sein Kopf ist gezeichnet von einer Narbe, um die herum keine Haare mehr wachsen. Bis kurz davor hatte er immer noch zumeist dunkle Haare, die für sein Alter auch noch recht zahlreich vorhanden waren. Einzig seine Augenbrauen erinnern vielleicht noch entfernt an diese Phase seines Lebens, die doch noch gar nicht so lange zurückliegt. Wenige Monate nur. Eigentlich sogar noch in Wochen zählbar.
Er sagt: »Brauche ich ein Toupet?«
Ich sage: »Nein. Ein neuer Kopf wäre besser.«

71

Das Fieber ist gesunken und mein Vater hat gut gegessen. An schlechten Tagen sind es Kleinigkeiten, vermeintliche Banalitäten, die gute Nachrichten sein können. Er scheint, auch wenn der Tod unüberhörbar an seine Tür klopft, eigentlich schon am Fußende seines Bettes steht, ist mein Vater robuster, als wir alle vermuten.

Er sagt: »Bin ich immer noch in Ochsenzoll?«
Meine Mutter sagt: »Ja. Oder denkst Du, dass Du zu Hause bist?«
Er sagt: »Da im Hochhaus sind die mit dem Haschmich.«
Meine Mutter sagt: »Da lande ich auch bald.«
Er sagt: »Hoffentlich geben sie Dir ein Einzelzimmer.«
Beide lachen.
In all den sehr dunklen Momenten der letzten Wochen und Monate scheinen meine Eltern ihre Fähigkeit zu Lachen noch nicht gänzlich verloren zu haben. So lange mein Vater am Ende des Lachens keinen Hustenanfall bekommt, tun wir alles dafür, diese Momente herbeizuführen.
Neuerdings sitzt mein Vater im Rollstuhl. Die Fußstützen hat er entfernen lassen, so dass er sich, sehr zu seinem Vergnügen und zur Besorgnis meiner Mutter, weitgehend unabhängig fortbewegen kann. Hilfe benötigt er allenfalls, wenn er sich irgendwo festgefahren hat und nicht wieder allein aus der Situation heraus manövrieren kann. Oder wenn er möglichst schnell zum Rauchen fahren möchte.
Noch immer raucht mein Vater und lässt sich den Genuss an seiner Todesursache nicht nehmen. Irgendwann vor zehn Jahren hatte er kurzfristig aufgehört, mindestens ein Jahr vielleicht, nachdem er eine kleine Operation am Herzen über sich ergehen lassen musste. Wir haben uns alle gewundert, dass er es so lange ohne Zigaretten ausgehalten hat. Die Wahrheit war: Mein Vater hat irgendwann wieder heimlich angefangen. Wie ein Teenager, der nicht erwischt werden wollte, rauchte er auf langen Spaziergängen oder im Dunkeln, wenn meine Mutter schon schlief oder nicht zu Hause war. Immer griffbereit: eine Packung Pfefferminzbonbons.

Dass er überhaupt wieder angefangen hat, war meinem Vater lange sehr unangenehm. Die ersten Male, als er wirklich offensichtlich nach Rauch roch, hatte er seinen Rückfall noch geleugnet. Wohl aus dem Grund, dass er sich diesen Moment der größten Schwäche nicht zugestehen wollte. Und vor uns sein Gesicht wahren wollte. Wahrscheinlich war ihm immer klar, dass es ihm beides nicht gelingen würde: Uns von seinem Leben als Nichtraucher zu überzeugen und überhaupt aufzuhören. Jetzt, mit neunundsiebzig und Metastasen überall in seinem Körper, ist es ihm und uns zunehmend egal, wie viel und ob er überhaupt raucht.

70

Er sagt: »Pass auf Deine Mutter auf.«
Ich frage: »Wie soll ich das tun?«
Er sagt: »Sie isst zu wenig.«
Ich sage: »Du auch.«
Er sagt: »Ich muss nichts mehr essen.«
Ich sage: »Doch Papa.«
Er sagt: »Gib mir lieber eine Zigarette.«
Ich sage: »Davon wirst Du nicht satt.«
Er sagt: »Ich habe keinen Hunger mehr. Alles schmeckt so anders.«
Ich sage: »Dann schmeckt Dir jetzt vielleicht alles, was Du sonst nicht mochtest.«
Er sagt: »Hast Du keine Zigaretten?«
Ich sage: »Ich rauche seit fünfzehn Jahren nicht mehr.«
Er sagt: »Ach ja. Das ist auch besser so. Guck mich an.«
Ich sage: »Und?«
Er sagt: »Alles meine Schuld.«

Ich sage: »Papa .... nein. Auch Leute, die nie geraucht haben, bekommen Lungenkrebs.«
Er sagt: »Meine Schuld ... meine Schuld.«
Ich sage: »Wie kommst Du denn darauf? Du hattest ... vielleicht einfach Pech.«
Er sagt: »Ich will das nicht.«
Ich sage: »Ich ... ich kann Dir nicht helfen.«
Er sagt: »Besser als Alzheimer.«
Ich sage: »Beides schlecht.«
Er fragt: »Wer sind Sie?«
Ich sage nichts.
Er sagt: »Nur Spaß!«
Ich sage: »Ist nicht lustig.«
Er fragt: »Warum ich?«
Ich sage: »Ich weiß es nicht.«
Er sagt: »Ich habe Angst.«
Ich frage: »Wovor?«
Er sagt: »Wie es ohne Euch ist.«
Ich sage: »Ohne Dich wird es schlimmer sein.«
Er sagt: »Vielleicht kann ich noch ein bisschen bleiben.«
Ich sage: »Ich würde alles dafür geben.«
Er sagt: »Spar Dein Geld!«
Ich sage: »Ich stelle einfach einen Scheck aus.«
Er sagt: »Wir haben doch schon lange keine Schecks mehr.«
Ich sage: »Das war auch Spaß.«
Er sagt: »Das war auch nicht lustig.«
Ich sage: »Tut mir leid.«
Er sagt: »Schon gut.«
Ich sage: »Danke.«
Er sagt: »Und bekomme ich jetzt eine Zigarette?«
Ich sage: »Ich hol Dir eine.«
Er zeigt mir zwei Finger und zwinkert mir zu, als sei ich sein Komplize bei einem Einbruch.

Er sagt: »Du bist ein guter Junge.«
Ich frage: »Und wer passt auf mich auf?«
Er sagt: »Ach, mein Hase ...«

Am Abend meldet sich meine Mutter noch bei mir. Wie so oft in letzter Zeit klingt ihre Stimme schwach und müde. Ich muss aufpassen, dass sie bei all der Kommunikation, die ich derzeit mit meinem Vater habe, nicht zu kurz kommt.
Ich frage: »Wie geht's Dir?«
Sie sagt: »Das Hospiz hat angerufen. Papa zieht morgen um.«

69

Der Tag, an dem mein Vater seine vermutlich vorletzte Reise antritt, beginnt für mich mit Sport. Ich gehe normalerweise niemals morgens Joggen, aber heute bin ich seit halb sechs Uhr wach und falle förmlich aus dem Bett. Es ist kalt und nass und ziemlich unangenehm – dennoch laufe ich eine Stunde durch den Berliner Volkspark Friedrichshain, als ginge es nicht um sein, sondern um mein Leben.
Als ich wieder zu Hause bin, nehme ich eine kurze, heiße Dusche und rufe anschließend zu Hause an.
Meine Mutter fragt: »Weißt Du, wie spät es ist?«
Die Frage und der dazugehörige, leicht scharfe Unterton sind nicht ganz unberechtigt. Es ist kurz nach sieben und meine Mutter klingt noch etwas verschlafen. Normalerweise schläft sie nie sonderlich lange, aber seitdem mein Vater im Krankenhaus ist, holt sie offenbar den Schlaf nach, den sie vorher nicht bekommen hat. Wir verabre-

den, dass wir später, wenn sie bei meinem Vater im Krankenhaus ist, noch einmal telefonieren. Genauer gesagt, dass ich zu einer verabredeten Zeit auf dem Handy meines Vaters anrufe, und dass es dann auch angeschaltet sein wird. Mein Vater besitzt zwar seit Jahren ein Handy. Gut zu erreichen ist er trotzdem nicht.
Er wolle nicht, dass es ständig klingelt, sagt mein Vater – und schaltet es deswegen meistens aus. Dass kaum jemand seine Nummer hat und deswegen sowieso kaum jemand anrufen kann, scheint er völlig vergessen zu haben. Merkwürdigerweise ist er nicht der einzige in unserer Familie, der ein Handy besitzt und unbedingt haben wollte, das er nie anschaltet, weil er nicht gestört werden will.
Es braucht schließlich drei Versuche, bis ich meinen Vater am Vormittag erreiche. Beim ersten Mal ist er zu langsam und die automatische Mailbox-Ansage springt an. Dass er selbst eine Ansage aufgenommen hätte? Ausgeschlossen. Versuch zwei scheitert daran, dass er das Gespräch nicht annimmt, sondern wegdrückt. Als ich es ein drittes Mal versuche, erreiche ich ihn endlich. Er tut überrascht, als er meine Stimme hört. Ich habe nie wirklich herausfinden können, ob er verstanden hat, dass er sehen kann, wer ihn anruft, oder nicht. Ich bin mir allerdings relativ im Klaren darüber, dass er es jetzt nicht mehr lernen wird.
Er sagt: »Wir treffen uns in Volksdorf.«
Ich sage: »Das tun wir, Papa. Ich rufe Dich heute Abend an.«
Der Abschied fällt keinem von uns schwer. Das Krankenhaus, die Geriatrie, Ochsenzoll war immer nur ein letzter, kurzer Halt vor der Endstation. Niemand von uns hat sich auf einen längeren Aufenthalt eingestellt. Und dennoch waren wir alle froh, dass das Krankenhaus

meinenVater nicht doch wieder nach Hause geschickt hat. Nicht, weil wir es uns nicht gewünscht hätten. Aber wir alle wussten, scheinbar unabhängig voneinander, dass es kein Zurück mehr geben würde.

Kein Zurück mehr. Endgültig. Unumkehrbar. Auch wenn ich immer wieder versuche, die Situation bewusst zu erleben, will es mir doch nicht in den Kopf, dass es mein Vater ist, von dem ich Abschied nehme. Lese ich ein Buch? Schon eher. Sehe ich einen Film? Ja, so fühlt es sich an. Aber doch nicht wie das wahre Leben. Nicht wie meine, wie seine, wie unsere Geschichte.

Nach Volksdorf, also ins Hospiz, fährt mein Vater schließlich mit einem Krankentransport. Immerhin sitzend und nicht liegend wie beim letzten Mal. Meine Mutter fährt mit dem Auto hinterher. Selbst wenn er sicher gerne noch einmal als Beifahrer in seinem eigenen Auto gesessen hätte, er spricht den Wunsch nicht aus. Der bereits von ihm ausgesprochene Wunsch, lieber heute als morgen ins Hospiz zu ziehen, geht dafür heute endlich in Erfüllung.

Das Zimmer meines Vaters hat, wie alle Zimmer, eine Terrasse und Ausblick ins Grüne. Vor seinem Fenster tummeln sich Hasen. Große Bäume spenden Schatten. Das ansonsten von meinen Eltern immer als bedrohlich empfundene Erdgeschoss wirkt hier beinahe friedlich und Sicherheit spendend.

Auf seinem Nachttisch steht ein Blumenstrauß zum Empfang. Mein Vater hat außerdem ein Festnetztelefon, mit dem er jederzeit angerufen werden und auch kostenlos telefonieren kann. Zwei ehrenamtliche Mitarbeiter stellen sich ihm vor und fragen ihn, was und wann er essen will. Als ich ihn abends anrufe, dauert es zwar lange, bis er den Hörer abnimmt. Seine Stimme klingt aber erstmals seit Tagen wieder vorsichtig optimistisch.

Ich frage: »Bist Du gut angekommen?«
Er sagt: »Ja. Mach Dir keine Sorgen.«
Ich frage: »Bekommst Du genug zu essen?«
Er sagt: »Dicke grüne Bohnen. Was meinst Du, wie die wühlen.«
Ich sage: »Das ist ja nichts Neues.«
Er sagt: »Kannst Du mir einen Gefallen tun?«
Ich sage: »Jeden. Was brauchst Du?«
Er sagt: »Das muss ein Geheimnis zwischen uns bleiben.«
Ich sage: »Natürlich. Ehrenwort.«
Er sagt: »Ich brauche Zigaretten und ein Feuerzeug. Du weißt doch: Der Duft der großen weiten Welt. Meine ist so klein geworden.«

68

Meine Schwester und mich trennten immer elf Jahre: Ich bin elf Jahre jünger. Mittlerweile trennen uns ein paar Jahre mehr – wir haben seit über fünfzehn Jahren keinen Kontakt mehr.
Genauer gesagt hat meine Schwester den Kontakt nach einem Streit, der vor dem Arbeitsgericht endete und dem eine hässliche Auseinandersetzung vorausging, an der mein Vater nicht unbeteiligt war, abgebrochen. Wie immer in solchen Fällen ging es auch in unserer Familie ums Geld. Und zwar aus heutiger Sicht um so wenig Geld, dass ich es lieber hätte verbrennen sollen, als dafür den Preis zu zahlen, meine Schwester und uns Restfamilie in zwei unterschiedliche Lager zu spalten. Denn dass es die Familie ist, die einem am Ende oder im Notfall bleibt, erlebe ich gerade jetzt sehr intensiv.

Zwar habe ich es aufgegeben, den Kontakt aktiv wiederherzustellen. Dennoch vergeht kein Tag, an dem ich es nicht mindestens einmal bereue, meiner Mutter indirekt die Tochter genommen zu haben und mittlerweile auch ihr Enkelkind, das wir alle nie kennengelernt haben.

Als meine Schwester sich zwischen ihrem Mann und ihrer Familie entscheiden musste, entschied sie sich – eigentlich nicht weiter ungewöhnlich – für ihn.

Ich konnte diese Entscheidung in Wahrheit immer nachvollziehen, so schmerzhaft sie besonders für meine Mutter – sie ist ihre Tochter, nicht die meines Vaters – auch war. Und doch fühlte ich mich immer verantwortlich für diese Situation. Ich wusste allerdings auch immer, dass dieser Streit eines Tages beendet sein würde. Zumindest glaubte ich das zu wissen. Zeit heilt ja alle Wunden. Gras wächst irgendwann über alles. Und überhaupt – das Gute bleibt, das Schlechte geht.

Wenn ich nur ein wenig mehr der Sohn meines Vaters wäre, dann hätte ich – genau wie er – unseren familiären Super-GAU mit stoischer Ruhe und mit Desinteresse ausgesessen. Ich hätte meine Schwester vergessen. Nie wieder über sie gesprochen oder an sie gedacht. Sie ist ja eh nur meine Halbschwester, wir sind nicht zusammen aufgewachsen. Ich hätte sie, wie mein Vater es mit seiner ersten Ehefrau, der Mutter meines Bruders, gemacht hat, fein säuberlich mit der Rasierklinge aus Fotos und somit dem Familienleben heraus filetiert. Aus den Augen, aus dem Sinn. Ein sauberer Schnitt, eine saubere Sache. Fast wie ein entfernter Tumor, unter dessen Metastasen die gesamte Familie allerdings bis heute leidet. Wahrscheinlich ist es deswegen auch kaum verwunderlich, dass es rund dreißig Jahre gedauert hat, bis mein Bruder mal wieder – oder endlich – ein gemeinsames Foto

mit seinen Eltern bekam. Ein Foto, zu dem mein Vater erst genötigt werden musste und worauf er dementsprechend gepresst oder gequält an der Kamera vorbei blickt. Ich habe mehrere Versuche unternommen, die Versöhnung mit meiner Schwester herbeizuführen. Wir haben uns zweimal getroffen und kamen uns trotz aller Offenheit nie wieder richtig nah. Wir schreiben uns alle paar Monate merkwürdig verklemmte E-Mails, die an Belanglosigkeit kaum zu übertreffen sind. Wahrscheinlich wäre es folgerichtig, den Kontakt gänzlich abzubrechen, aber es könnte ja mal etwas sein.
Etwas wie eine familiäre Notsituation. Eine Krankheit oder ein sterbendes Familienmitglied. Eine Situation wie jetzt.
Ich hatte gehofft, dass die Krankheit meines Vaters meine Schwester zurück in die Familie führt. Ich habe ihr geschrieben, sie um Hilfe gebeten, in der Hoffnung, dass der nahende Tod unserem Leben eine Brücke bauen könnte. Wenn mein Vater schon sterben muss, dann soll er uns wenigstens vereinen.
Der Tod ist stark, aber für diesen Wunsch von mir scheint auch ihm die Kraft zu fehlen. Meine Schwester ruft mich an, Tage, nachdem sie meine Mail gelesen hat, nur um mir zu erklären, dass wir ja eigentlich schon lange keine Familie mehr sind. Und eigentlich ja auch nie waren. Mir fehlt die Kraft sie umzustimmen.

67

Zwei Nächte hat mein Vater bereits im Hospiz verbracht. Zwei Nächte, nach denen meine Mutter sagt, sie fühle sich wie amputiert ohne meinen Vater. Zwei Nächte, in

denen mein Vater gut geschlafen hat und nach denen er mit Hasen auf der Terrasse und nassen Bettlaken aufgewacht ist.
Mein Vater sagt: »Ich habe wohl zu viel getrunken.«
Ich sage nichts.
Im Gegensatz zu uns scheint es ihn merkwürdigerweise nicht zu stören, Zeuge seiner eigenen Hilflosigkeit zu sein. Jedenfalls beklagt mein Vater sich weniger über seine Blasenschwäche, als über die Brötchen, die ihm nicht knusprig genug sind und den Honig, der ihm zu flüssig scheint.
Er sagt: »Ich soll nicht aufstehen.«
Ich sage: »Jedenfalls nicht allein. Niemand möchte, dass Du wieder hinfällst.«
Er sagt: »Ich musste zur Toilette. Und habe es nicht geschafft.«
Er schüttelt den Kopf und blickt zu Boden. Schwer zu sagen, ob er traurig oder peinlich berührt ist.
Ich sage: »Du musst nicht allein zur Toilette gehen. Du kannst doch klingeln, Tag und Nacht.«
Mein Vater antwortet nicht.
Ich sage: »Und wenn das so weitergeht, müssen wir Dir eine Schwimmweste mitbringen.«
Er sagt: »Eine Schwimmweste? Haha. Ich kann besser schwimmen als Du.«
Später sagt mir ein Pfleger, dass es vielen Patienten, gerade in der Eingewöhnungszeit im Hospiz, sehr schwer fällt, Hilfe anzunehmen. Dass sie es lieber riskieren, sich zu verletzten, bevor sie die Klingel betätigen.
Zuerst ignoriere man die Unabänderlichkeit der Situation. Dann kämpfe man gegen sie an. Zum Schluss arrangiere man sich. Es scheint der Konflikt zu sein, in dem sich mein Vater auch gerade befindet. Nur weiß ich nicht genau, an welcher Stelle er steht.

Es ist diese Frage: »Wie schwach bin ich schon? Und wie stark bin ich noch?« Mein Vater ahnt sicherlich, dass er von Tag zu Tag schwächer werden wird, aber in guten Momenten bäumt er sich auf. Lässt sich nichts gefallen, ist raubeinig wie eh und je. Und riskiert dann eben auch, auf dem drei Meter langen Weg vom Bett zur Toilette zu stürzen – um sich ein Stück Souveränität zu bewahren.
Ich denke oft an meine Oma, die Mutter meines Vaters. Sie konnte in den letzten fünf Jahren ihres Lebens nicht mehr laufen. Ihr Tagesablauf bestand darin, vom Bett in den fahrbaren Toilettenstuhl gehoben zu werden – den sie freilich nicht benutzte, der aber eleganter und wendiger als ein Rollstuhl war –, anschließend gewaschen und zur Toilette gebracht zu werden, zum Frühstück gerollt zu werden und am Tisch zu warten, bis abwechselnd mein Vater oder mein Onkel kamen, um sie in ihren Sessel zu setzen, damit sie dort den restlichen Tag verbringen konnte, wahlweise mit dem Hamburger Abendblatt oder den verschiedenen Ausgaben der Tagesschau. Zwischendurch gab es »Essen auf Rädern« und einen kurzen Sitzplatzwechsel zum Mittagessen, um anschließend den restlichen Tag wieder im Wohnzimmer zu verbringen, in dem meine Oma nachmittags Besuch empfing.
In den letzten fünf Jahren ihres Lebens verließ meine Oma ihre Wohnung nur noch an Feiertagen oder Geburtstagen, an denen sie von einem Krankentransport oder Zivildienstleistenden, die es damals zum Glück noch gab, abgeholt wurde.
Sie, die ansonsten jeden Tag zum Einkaufen ging, sei es auch nur, um einen Liter Milch zu holen, weil er an einem bestimmten Tag oder einem bestimmten Supermarkt fünf Pfennig billiger war, weigerte sich, für ihre Umgebung, in der sie über sechzig Jahre lebte, eine alte

Frau im Rollstuhl zu sein. Sie war eine dieser Frauen einer Generation, die nur einen einzigen Mann liebten, nämlich den Vater ihrer drei Söhne – und notfalls auch fünfzig Jahre Witwe blieben. Mein Großvater, den ich nie kennenlernte, starb 1959 in Folge seiner mehrjährigen Kriegsgefangenschaft und hinterließ meiner Oma immerhin eine ausreichend hohe Rente, mit der sie zwar keine großen Sprünge machen konnte, die sie aber – wenn sie sparsam war – überleben ließ.

Anfang der Sechzigerjahre gewann sie drei Wochen hintereinander im Lotto, leistete sich neue Möbel, die sie bis an ihr Lebensende behielt, und eine Reise an den Gardasee und begann einen neuen Lebensabschnitt als nicht immer lustige, aber immerhin liebevolle und liebenswerte Großmutter.

Sie zog sich nachmittags grundsätzlich um, denn schließlich gab es Röcke zum Arbeiten und Röcke zum Nicht-Arbeiten. Und dann noch mal wieder andere für Sonn- und Feiertage. In beinahe dreißig Jahren habe ich nur einmal gesehen, dass sie eine Hose getragen hat. Und das auch nur, weil das Thermometer unter minus zwanzig Grad gefallen war und meine Oma mal wieder, wie so oft nach dem Krieg, den sie mit drei kleinen Kindern überlebte, mit einem offenen Bein zu kämpfen hatte.

Ich wusste als Kind und ehrlich gesagt auch noch Jahre später nicht, was ein offenes Bein sein könnte. Der Onkel meiner Mutter hatte ein Holzbein, auf dem ich gerne saß und das unterschiedliche Geräusche machte, wenn ich an verschiedenen Stellen daran klopfte, fast so, wie die Instrumente in meiner Stabspielgruppe in der Schule, aber der Frage, wo und wozu genau das Bein meiner Oma eine Öffnung haben könnte, bin ich bis zu ihrem Tod nicht nachgegangen. Ich vermute, dass es uns beiden ganz recht so war. Ich wusste lediglich, dass

ein Granatsplitter in einer der furchtbaren Hamburger Bombennächte Schuld daran waren, dass das Bein meiner Oma auch fünfzig Jahre nach Kriegsende nicht friedlich sein wollte.
Mein Vater und mein Onkel haben schließlich fünf Jahre ihres Lebens gegeben, damit meine Oma nicht ins Heim musste. Mein zweiter Onkel hat sich mehr oder weniger aus dem Staub gemacht. Er hat sein Zimmer in der Wohnung seiner Mutter nie verlassen, ihr dafür zu wenig Geld gegeben, dafür allerdings Rundum-Versorgung verlangt und ist erst mit über sechzig ausgezogen, als es meiner Oma nicht mehr gut ging. Merkwürdigerweise hat mein Vater nie über ihn geurteilt, auch, wenn meine Oma sicher ihr Leben lang still und manchmal auch vor mir laut unter der Situation gelitten hat.
Wir haben nie darüber gesprochen, aber als meine Oma ein Pflegefall wurde, hat mein Vater getan, was er tun musste – ohne darüber zu diskutieren. Vielleicht auch, weil er die Kosten einer Heimunterbringung scheute, aber das glaube ich im Nachhinein nicht. Zwar wird ihn die Pflege seiner Mutter auch belastet haben, aber er wollte ihr einen normalen Alltag in ihrer gewohnten Umgebung ermöglichen. Dass mein Vater dabei auch an seine Grenzen kam, scheint seine Entscheidung über sein eigenes Lebensende zumindest beeinflusst zu haben. Umso weniger erstaunt bin ich, dass er jetzt selbst unter keinen Umständen zu Hause bleiben wollte. Ist er vielleicht doch nicht so egoistisch, wie ich immer angenommen habe?
Im Vergleich zu einigen anderen Bewohnern im Hospiz sieht man meinem Vater die Erkrankung auf den ersten Blick nicht an. Er wirkt körperlich stabil, beinahe kräftig. Vielleicht können ihm seine Stürze auch deshalb nichts anhaben. Oder noch nicht. Mein Vater hat zwar

abgebaut, aber nicht so sehr, dass er sich sofort etwas brechen könnte, wenn er auf den drei Metern vom Bett zum Bad stolpert oder fällt. Aus der Zeit meines Zivildienstes weiß ich, dass ein Oberschenkelhalsbruch oftmals der Anfang vom Ende ist. Aber andererseits – wir sind ja schon am Ende.
Mein Vater sagt: »Ich muss also sitzen bleiben? Wie Oma?«
Ich sage: »Ja, das wäre besser.«
Mein Vater sagt: »Im Sitzen stirbt man nicht.«

66

In 66 Tagen, da hört das Leben auf. So die Prognose. Vielleicht weniger, ich hoffe mehr. Ich zähle auch deswegen von 100 in Richtung 0 runter, weil ich hoffe, dass mein Vater dann noch lebt und ich dann wieder aufwärts zählen kann – als Symbol für gewonnene Zeit. Ich erzähle weiterhin niemandem, dass ich dieses Tagebuch des Todes führe, nicht meiner Mutter und auch nicht meinem Umfeld. Aber dieser Countdown bestimmt mein ganzes Denken.
Was kann ich überhaupt noch mit meinem Vater unternehmen? Gemeinsame Vorhaben, die wir in den vergangenen Jahren und Jahrzehnten so schmerzlich vernachlässigt haben? Und – will er seine verbleibende Zeit überhaupt so aktiv nutzen oder denkt er, dass sich sein Zeitfenster vergrößert, wenn er möglichst wenig tut? Was will ich ihn noch fragen und – viel wichtiger – was will ich ihm noch sagen?
Es heißt immer, es sei eine so großartige Chance, wenn man Zeit hat, um Abschied zu nehmen. Aber wie zum

Teufel macht man das richtig? Gibt es überhaupt ein richtig und ein falsch?
Meine Familie ist mir bei der Suche nach einer Antwort auf diese Frage keine große Hilfe. Entweder verdrängen sie das nahende Ende meines Vaters oder sie wollen nicht darüber sprechen. Selbst im Hospiz tun wir alle noch so, als verliefe unser Alltag weitgehend normal. Warum ist das nur so? Weil meine Mutter, mein Onkel und meine Tante selbst nicht mehr jung sind? Oder liegt es daran, dass sich die Umgebung eher wie ein Krankenhaus oder eine Rehaklinik und nicht so sehr wie ein Ort des Sterbens anfühlt? Ich vermute beides. Wir haben schlichtweg keine Erfahrungswerte mit einem Hospiz. Gestorben wurde in unserer Familie immer aus heiterem Himmel, da stellte sich diese Frage nicht.
Ich ertappe mich dabei, dass ich mich wohl fühle in diesem Hospiz. An diesem Ort, an dessen Kondolenzbuch ich jedes Mal vorbeigehe und in dem fast immer eine neue Seite aufgeschlagen ist. An diesem Ort, an dem ich bei fast jedem Besuch einen Schmetterling an dem Namensschild an der Tür sehe, als Symbol dafür, dass wieder ein Bewohner von seinem Leiden erlöst wurde. Ich möchte freilich lieber zu Hause schlafen, aber die Friedlichkeit des Ortes und die Fürsorge, die mein Vater hier erfährt, nimmt uns allen eine sehr große Last von den Schultern.
Wir richten uns neu miteinander ein in einer neuen Umgebung. Meine Mutter fährt jetzt abwechselnd vormittags und nachmittags zu meinem Vater. Ich verbringe so viel Zeit, wie es geht, in Hamburg. Und die restliche Familie arrangiert sich um uns herum. Wir gehen zusammen ins Wohnzimmer, spielen »Kniffel« miteinander, trinken Kaffee, essen Kuchen und sitzen auf der Terrasse zusammen.

Meine Mutter sagt: »Sein Appetit ist immer noch gut.«
Ich sage: »Das ist doch ein gutes Zeichen.«
Meine Mutter sagt: »Aber er gefällt mir insgesamt nicht.«
Ich sage: »Mir auch nicht. Aber wir müssen an heute denken, nicht an morgen und auch nicht an gestern.«
Meine Mutter sagt: »Ich ... ich kann das nicht. Ich kann das nicht mit ansehen.«
Ich sage: »Ich weiß. Aber hier sind so viele Menschen, denen es schlechter geht als Papa. Daran müssen wir immer denken. Es könnte alles viel, viel schlimmer sein.«
Trotzdem bleibt die über allem schwebende Frage: Wie nutzen wir die Zeit, die uns bleibt, möglichst sinnvoll?
Ich frage: »Wen möchtest Du sehen? Was möchtest Du tun?«
Mein Vater sagt nichts.
Meine Mutter sagt: »Dein Vater braucht Ruhe.«
Mein Vater sagt: »Die habe ich schon.«
Ich sage: »Papa, ich weiß, das ist schwierig, aber ich möchte nicht, dass wir hier sitzen und nur auf Dein Ende warten.«
Meine Mutter sagt: »Hör auf damit.«
Mein Vater sagt: »Ich soll doch nicht aufstehen.«
Ich sage: »Bitte überleg es Dir, bevor es zu spät ist.«
Mein Vater sagt: »Das ist es doch schon.«
Ich sage: »Nein. So wie ich das sehe, befindest Du Dich noch über und nicht unter der Erde. Herrgott noch mal, wir haben keine Zeit ...«
Er sagt: »Du ... du hattest nie Zeit.«
Ich weiß nicht, was ich sagen soll.
Ich denke an die 66, aber ich spreche die Zahl nicht aus. Wie soll ich in 66 Tagen etwas schaffen, was ich in dreißig Jahren nicht geschafft habe?

65

Mein Vater sagt: »Was bleibt von mir, mein Michi?« Noch bevor er den Satz ganz ausgesprochen hat, fühle ich mich wie in einem dichten Nebel gefangen. Einem Labyrinth, dessen Ausgang ich nicht finden werde, weil ich mich nicht einmal mehr an den Eingang erinnere.
Ich sage: »Na, Du stellst mir Fragen. Darauf weiß ich am frühen Morgen keine Antwort. Man ... man sieht Dich bei ›Google Streetview‹ in unserer Straße. Das bleibt für immer. Das schaffen sonst nicht viele.«
Er sagt: »Google was? Ich kenne nur Gugelhupf.«
Ich sage: »Denkst Du immer nur ans Essen?«
Er sagt: »Weißt Du doch. Also?«
Ich sage: »Egal. Stell' mir keine Fragen, die ich nicht beantworten kann.«
Er sagt: »Du weißt doch sonst immer alles. Oder tust zumindest so.«
Ich sage: »Aber jetzt ist nicht sonst. Und hier ist nichts wie immer.«
Er sagt: »Deine Mutter macht jedenfalls bessere Marmelade.«
Ich sage: »Vom Erbe auf Marmelade zu kommen, das schaffst auch nur Du.«
Er sagt: »Weißt Du doch. Von Kuchen backen auf Morsbacken.«
Morsbacken, das ist der plattdeutsche Ausdruck für – vornehm ausgedrückt – Gesäßhälften. Oder einfach für Pobacken. Dem Rest der Republik ist der norddeutsche Dialekt vielleicht allenfalls durch das berühmte Ohnsorg-Theater oder Heidi Kabel vertraut. Bei uns zu Hause gab es immer schon diese regionale Färbung der Sprache. Und obwohl meine Oma peinlich genau darauf geachtet hat, mit ihren Kindern hochdeutsch zu spre-

chen, ist es ihr nicht gelungen, den Dialekt gänzlich von ihnen fernzuhalten.
Seine Sprache war ein ganz typisches Erkennungsmerkmal meines Vaters. Ich glaube nicht, dass er deswegen einen Journalisten aus mir geformt hat, aber wer kann das schon sagen? Vielleicht indirekt.
Jedenfalls hat er mich auf seine Weise für Sprache sensibilisiert. Nicht, dass er sonderlich talentiert ist, sich auszudrücken oder gar schreiben kann. Nein, im Gegenteil. Mein Vater sprach nur deutsch, und wenn er es mit englisch versuchte, waren es Ableitungen aus dem plattdeutschen, das tatsächlich an der einen oder anderen Stelle dem Englischen sehr ähnlich ist.
Trotz seines fehlenden Sprachtalents haben wir im Laufe der Jahre unsere eigene Sprache entwickelt mit eigenen Vokabeln, die nur wir kannten. Zumindest bildete ich mir das immer ein, denn ich hörte diese Begriffe – außer von meinem Vater und manchmal von meiner Mutter – von sonst niemandem.
Ich weiß eigentlich, dass das nicht sein kann, aber es kommt mir manchmal so vor, als habe mein Vater diese Begriffe, diese manchmal obskur klingenden Wörter, erfunden. Oder ihnen einfach eine neue Bedeutung gegeben.

Gemussel:
Mein Vater bohrt ein Loch in die Wand, ich halte den Staubsauger neben den Bohrer, damit kein Gemussel auf den Boden fällt.
Abstranaatsch:
Meine Mutter und mein Vater streiten sich, meine Mutter ist anschließend beleidigt oder, wie mein Vater sagen würde, abstranaatsch. Nachtragend, noch wütend oder einfach noch streitlustig.

Nuppsi:
Vielfältig anwendbar. Meistens ein kleines Plastik- oder Einzelteil eines Bausatzes. Fehlt immer oder fällt immer runter.
Tom Dooley:
Nicht der Soldat, nicht der Fußballer. Sondern der Zustand, wenn meinem Vater drohte, ein Spiel zu verlieren. »Gleich ist Tom Dooley …«
Alalala
Hat nichts mit Musik zu tun. Sondern bedeutet Schokolade. Nur der Himmel weiß, warum.
Paprika:
Nicht das Gemüse, sondern das Gewürzgefäß, in das mein Vater das Haushaltsgeld für meine Mutter legt. »Wir haben noch Paprika …«
Bullerbüx:
Als Kind habe ich oft Bullerbüxen getragen: zu wenig Po für zu viel Hose. Heute nennt man das wohl Baggy Pants. Mein Vater bleib bei Bullerbüx.
Mit Juch in die Puch:
Juch kommt von Jauchzen oder Juchzen, Puch war mein Bett. Also – mit guter Laune ins Bett gehen und bitteschön schnell schlafen.
Balkonkäse:
Ohne Käse kann mein Vater nicht leben. Manchmal war der so geruchsintensiv, dass er statt im Kühlschrank besser auf dem Balkon aufbewahrt werden musste.
Banditen:
Weniger für Verbrecher zu verwenden, als für Politiker, die ihre Macht missbrauchen.
Mapa:
So einfach, so simpel und seit Jahrzehnten auf jeder Geburtstagskarte, jedem Brief und jeder Notiz: Mama und Papa.

Doch es sind nicht nur seine Wörter, sondern es ist auch seine Ausdrucksweise, die meinen Vater unverwechselbar machen. Er ist einer dieser Hamburger, der – wie Helmut Schmidt – gerne unverwechselbar norddeutsch sprach – indem er mit *S-tock* in *S-tiefeln* über *s-pitze S-teine* ging und auf den *S-tachelbeers-träuchern S-patzen* sah. Gelee war für ihn *J-elee*, ein Jeep nicht ein (englisch ausgesprochener) *D-Jeep*, sondern ein *J-iep*. Die Jeans wurde zur *J-iens*. Und Präsident Chirac war nicht Jacques sondern *J-ack*, also wie Jacke.
Diese sehr eigentümliche Aussprache meines Vaters war mir als Kind und selbst noch als Jugendlicher immer peinlich. Denn keiner von uns, weder meine Mutter, noch ich konnten verstehen, warum er nicht einfach so reden konnte oder wollte, wie alle anderen auch. Darauf angesprochen, behauptete er immer, es liege an seinen Zähnen, dass er so *s-prach* wie er *s-prach*. In meinen Augen war das eine Ausrede, die ich nie gelten ließ. Dass seine Mitmenschen – und garantiert immer wir – sich bisweilen darüber lustig machten, wie er sich in unseren Augen und Ohren lächerlich machte, *s-törte* ihn herzlich wenig.
Wenn er ein Wort manchmal, ganz selten, so aussprach, wie in meinen Ohren alle anderen, freute er sich diebisch über das Gesicht, das ich dabei machte. Für mich war das dann immer nur ein weiterer Beweis dafür, dass mein Vater sich einfach nicht bewegen wollte mit seinen Eigenartigkeiten, sich nicht verändern wollte. Wahrscheinlich werde ich erst im Alter verstehen, dass man ihn für seine Konsequenz auch beneiden kann.
Noch heute denke ich automatisch an meinen Vater, wenn ich bestimmte Wörter höre, von denen ich mir als Kind gewünscht hätte, dass er sie vor anderen Leuten – bitte! – bloß nicht *auss-prechen* möge.

Ich frage: »Was ... was soll denn nun von Dir bleiben?«
Mein Vater sagt: »Du. Du bleibst.«

64

Es sind die ganz banalen, alltäglichen Dinge, in denen ich meinem Vater ähnlicher bin, als ich es mir normalerweise eingestehen würde. Mit meinem Festnetzanschluss verhält es sich ein wenig so, wie mit seinem Handy: Fast niemand hat die Nummer. Deshalb ruft auch niemand an.
Was an sich kein Problem ist – denn eigentlich telefoniere ich überwiegend mit meinem Handy, ich benötige meinen Anschluss zu Hause lediglich fürs Internet. Und mein Vater seinerseits telefoniert am liebsten überhaupt nicht und das Internet ist für ihn in Wahrheit immer noch so unentdeckt wie Amerika vor Kolumbus. So fristet mein heimisches Telefon also ein tristes Dasein. Es klingelt nie. Ich benutze es lediglich, um meine Eltern anzurufen und die übrige Zeit, das sind dann ungefähr sechs Tage in der Woche, liegt es nutzlos irgendwo herum. Manchmal steckt es über Nacht in der Ladestation, manchmal – und das ist wesentlich häufiger der Fall – ist der Akku leer – und ich bin nicht zu erreichen.
Meine Mutter sagt: »Es ist wichtig, dass wir uns immer erreichen können. Gerade jetzt.«
»Wir uns« bedeutet in Wahrheit freilich »Ich Dich« und selbstverständlich stimme ich ihr zu.
Ich sage: »Aber gib meine Festnetznummer bitte nicht raus. Ich bin ja eh nie zu Hause, wenn jemand anruft. Hörst Du?«

Mein Vater war immer schon der Ansicht, dass man Dinge, die man besitzt, sehr gut kennen und idealerweise auch selbst reparieren muss. Wissen spart Geld und gespartes Geld macht glücklich. Wir waren da nie einer Meinung, aber es ist vermutlich zu spät, seine Meinung zu ändern. Und für mich sicher zu früh, meine Meinung aufzugeben. Ich bin stur, aber er ist sturer. So war das immer schon und ich befürchte, es wird sich nicht mehr ändern. Im großen Ganzen und ebenso im Alltag wie meinetwegen mit meinem Telefon.
Meine Beziehung zur Telekommunikation, sie wurde lange Jahre von meinem Vater geradezu torpediert. Zunächst hatten wir über Jahre hinweg eines dieser alten, grünen Telefone mit Wählscheibe – wie damals üblich – von der Post gemietet. Das Kabel war so kurz, dass es nicht bis in mein Zimmer reichte. Denn, auch hier war mein Vater ganz mein Vater: Jeder Meter extra Kabel kostet extra. Das behauptete er zumindest. Und im Zeitalter vor dem Internet konnte ich diese und andere seiner Kosten-Nutzen-Binsenweisheiten schlichtweg nicht überprüfen.
Irgendwann, es muss Anfang der Neunzigerjahre gewesen sein, verlangte die Deutsche Post das von uns gemietete, grüne Telefon zurück, das in Varianten in Orange und in Grau heute im Antiquitätenladen in meiner Straße im Schaufenster steht und auf Liebhaber wartet. Diese unverschämt dreiste Forderung der Post setzte meinen Vater unter Zugzwang. Wir kauften ein neues Telefon, fortschrittlich mit Tasten und – ein Geschenk des Himmels – mit einem fünf Meter langen Kabel, so dass ich unter großem Kraft- und Geschicklichkeitsaufwand mit der Schnur um eine Ecke bis in mein Zimmer kam – und fortan von dort telefonierte. Sehr zum Ärger meines Vaters, stellte die sehr gespannte Schnur doch

eine sehr präsente Bedrohung für ihn dar. Er stolperte und stürzte nie und trotzdem war es immer ein Thema, doch bitteschön nur so lange das Telefon in meinem Zimmer zu behalten, wie es unbedingt sein musste. Selbstverständlich auch, weil Telefonate damals nicht nach ihrer tatsächlichen Länge abgerechnet wurden, sondern im Sieben-Minuten-Takt. Ich wette, mein Vater hat bis heute nie vom Flatrate-Prinzip gehört. Oder zum ersten Mal gerade jetzt im Hospiz, von wo aus er mit dem Telefon in seinem Zimmer unbegrenzt telefonieren kann.
Mein vernachlässigtes Telefon klingelt neuerdings häufiger. Als ich nach Hause komme, habe ich drei Anrufe in Abwesenheit. Eine Hamburger Nummer, die keine Nachricht hinterlassen hat. Fast schon flirtend blinkt mich mein Telefon an. Wahrscheinlich wieder eines dieser Callcenter, denke ich, das mir eine neue Versicherung oder sonst irgendein Abonnement verkaufen will und lösche die Nummer. Ich entscheide mich jedenfalls gegen den Rückruf und für den Rotwein.
Als das Telefon erneut klingelt, dauert es kurz, bis ich realisiere, dass es mein Telefon ist, das klingelt.
Ich frage: »Hallo?«
Niemand antwortet.
Ich frage: »Wer ist da?«
Mein Vater sagt: »Ich bin da. Ich kann Dich jetzt immer anrufen.«
Ich frage: »Woher hast Du denn die Nummer? Du hast mich noch nie zu Hause angerufen.«
Mein Vater sagt: »Die habe ich im Kopf. Immer noch.«

63

Dass die Zeit meines Vaters knapp wird, scheint er auch daran zu erkennen, dass er nicht lange gebraucht hat, sich im Hospiz einzuleben. Fremdeln wäre schlichtweg Zeitverschwendung. Und wer möchte schon Zeit verschwenden, wenn er kaum noch welche hat?

Mein Vater scherzt mit dem Personal, sucht den Kontakt mit seinen Mitbewohnern, liest aufmerksam das von ihm ansonsten stets ignorierte Hamburger Abendblatt und interessiert sich sogar für den Gottesdienst, der regelmäßig im Gebetsraum abgehalten wird.

In den fast vierzig Jahren meines Lebens kann ich mich nicht daran erinnern, meinen Vater – außer bei meiner Taufe und bei meiner Konfirmation – jemals in der Kirche gesehen zu haben. Und wenn ich mich richtig erinnere, ging er sogar damals, zwischen Vaterunser und Predigt eine Zigarette rauchen. Seine ganz persönliche Interpretation von Weihrauch steckte wie immer in der Brusttasche seiner Hemden.

Wann oder warum er seinen Glauben verloren hat, habe ich ihn nie gefragt. Ich vermute allerdings, dass seine Abwendung von der Kirche in erster Linie ganz banale Gründe hatte: nämliche die Einsparung der Kirchensteuer. So war es dann auch meine Mutter, die wieder in die Kirche eintreten musste, um mir die Aufnahme im kirchlichen Kindergarten zu ermöglichen und damit ich anschließend getauft und konfirmiert werden konnte. Mein Vater hätte ein solches Zugeständnis niemals gemacht.

Meine Mutter sagt: »Das Hospiz tut Deinem Vater gut.«

Ich sage: »Uns allen.«

Meine Mutter sagt: »Meinst Du wirklich? Haben wir ihn nicht abgeschoben?«

Ich sage: »Nein. Es war sein Wunsch.«
Meine Mutter sagt: »Ja, ich weiß. Es fühlt sich trotzdem manchmal falsch an.«
Ich sage: »Wir können nichts für ihn tun, außer seine Tage so schön wie möglich zu gestalten.«
Meine Mutter sagt: »Er ist so niederschlagen.«
Ich sage: »Wundert Dich das? Ich glaube nicht, dass er schon gehen will. Und außerdem fühlt er sich doch ganz wohl. Er trifft sich doch sogar mit Leuten zum Rauchen.«
Rausch, der kleinste gemeinsame Nenner. Wie immer sind es auch im Hospiz die Raucher, die sich offenbar zuerst oder am einfachsten kennenlernen. Erwachsene Männer und Frauen, die sich sehr lebendig freuen, wenn sie dem Tod ein Schnippchen schlagen können und für fünf, sechs Minuten mit ein wenig Tabak und Nikotin ihre Sorgen und Ängste vergessen, bevor sie wieder zurück in ihre Zimmer gehen oder gebracht werden. Menschen, die sich nicht kennen, die von ihren Lebenswegen niemals angenommen hätten, dass sie sich ausgerechnet auf der traurigen Zielgeraden ihrer Existenz treffen.
Mein Vater sagt: »Denkst Du dran, dass Du mir Zigaretten mitbringst? Die kann ich hier gut gebrauchen.«
Ich sage: »Du bist doch nicht auf dem Schwarzmarkt.«
Er sagt: »Aber fast. Ich habe lieber eine Zigarette zu viel, als eine zu wenig.«
Das Rauchen ist allen Bewohnern im Hospiz gestattet, nur eben außerhalb des Gebäudes oder – wenn sie ihr Zimmer nicht mehr verlassen können – nicht allein. Vielen Angehörigen scheint das Rauchen zu missfallen. Denn Fragen wie »Schon wieder?« oder »Noch eine? Du hast doch gerade erst …« muss nicht nur mein Vater über sich ergehen lassen.
Auch mein Vater ist – sehr zum Missfallen meiner Mutter und besonders meines Onkels – dazu übergegangen,

neuerdings nicht nur eine, sondern zwei Zigaretten zu rauchen und die neue mit der alten anzuzünden. Doch wer würde schon eine meist lebenslange Sucht im Angesicht des Todes aufgeben wollen? Geschweige denn einem Todgeweihten seine Gelüste vorschreiben oder verbieten wollen?

Mein Vater lernt mit Hilfe seiner Zigaretten todkranke Menschen kennen, die seit Monaten einfach nicht sterben, quasi Wunder der Medizin sind.

Mein Vater sagt: »Hier lebt jemand, der wird nur einmal die Woche geweckt.«

Ich sage: »Du spinnst.«

Mein Vater sagt: »Nein. Er wird dann gefragt, ob die Ärzte ihm weiter Morphium geben sollen. Er stirbt einfach nicht. Das … das möchte ich nicht.«

Ich kann nicht einschätzen, ob die Geschichte, die mein Vater mir gerade aufgetischt hat, stimmt, oder ob sie ein Hirngespinst ist. Ich entscheide mich jedenfalls, ihn in dem Glauben zu lassen, dass sie stimmt.

Mein Vater trifft auf Menschen, die ich nach und nach auch kennenlerne und die, genau wie er, relativ gesund aussehen – und von einem zum anderen Tag nicht mehr zum Essen kommen. Die Allgegenwärtigkeit des Todes schreckt ihn nicht. Schon nach wenigen Tagen spricht er über seine neue Umgebung wie über ein langjähriges Zuhause. »Ich gehe ins Esszimmer«, »Ich war auf der Terrasse« oder auch »Ich bin in meinem Zimmer« sind drei dieser Sätze, die mich glauben lassen oder zumindest glauben lassen sollen, dass er seinen Frieden mit einem Ort gemacht hat, der für uns alle unausweichlich mit seinem Ende verbunden sein wird.

Dass das Schicksal auch im Sterben einen gewissen Sinn für Ironie hat, beweist die Tatsache, dass mein Vater nach über vierzig Jahren die Nichte seiner ersten Ehe-

frau wieder trifft: Sie arbeitet ehrenamtlich im Hospiz und hat vermutlich so lange nicht an meinen Vater gedacht, wie mein Vater nicht an sie gedacht hat.
Meine Mutter sagt: »Das hast Du wohl geträumt.«
Mein Vater sagt: »Nein. Sie hat mir eine Zigarette gegeben.«
Meine Mutter sagt: »Sag ich doch. Reine Fantasie.«
Mein Vater sagt: »Habe ich noch genug?«
Meine Mutter rollt mit den Augen und geht.
Als mein Vater mir schließlich kompliziert erklärt, wen er überhaupt meint – mit der angeheirateten und dann wieder geschiedenen Familie meines Vaters kannte ich mich nie gut aus –, hat meine Mutter bereits im Schwesternzimmer recherchiert, dass mein Vater ausnahmsweise keine rosa Elefanten gesehen hat.
Mein Vater sagt: »Siehst Du. Sag ich doch. Alles in Ordnung hier oben.«
Er klopft auf seinen Kopf.
Ich sage: »Dann müssen wir ja keinen Psychiater holen.«
Er sagt: »Für heute.«

62

Mein Vater sagt: »Wie ist der Tod?«
Ich kann nichts sagen.
Ich schlucke und muss mich kurz sammeln. Es ist früh am Morgen und ich sitze im Büro. Um mich herum sind viele Kollegen, die zwar wissen, in welcher Situation ich mich gerade befinde, aber denen ich nicht unbedingt jeden Tag zumuten kann und will, neue Hiobsbotschaften aus meinem Leben zu hören.
Mir fällt erst jetzt wirklich auf, wie wenig geübt und

auch wie wenig talentiert wir doch sind, wenn es darum geht, über das Sterben und den Tod zu sprechen.
Da gibt es die eine Fraktion von Freunden und Kollegen, die sich ständig für alles entschuldigen, weil ihre Worte, ihr Handeln einen ja möglicherweise verletzen könnten. Was aber auch daran liegen könnte, dass sie einen zu wenig kennen. Dann gibt es die an sich schon leicht Überdrehten, die plötzlich noch einen Gang hochschalten, um mich abzulenken. Natürlich gibt es darüber hinaus auch noch diejenigen, die so tun, als sei gar nichts, um auf diese Weise für mich eine möglichst normale Kulisse zu bauen. Das kann funktionieren. Und nicht zu vergessen gibt es auch noch die Körperkontaktler, die durch Nähe und Wärme Trost spenden und Mitgefühl aufbringen wollen. Aber was, wenn man gar nicht angefasst werden möchte?
Und dann gibt es welche, denen ich eine Reaktion vorspielen oder für die ich sie zumindest verstärken muss, nur damit der Tröstende sich besser fühlt. Fast wie ein Schauspieler in meinem eigenen Trauer-Theater, nur dass das Stück in diesem Fall von meinem eigenen Leben handelt. Ich würde so gerne wieder in mein eigentliches Fach, zur Komödie, wechseln, aber ich spüre, dass ich mich noch nicht im letzten Akt unserer Tragödie befinde.
Meine Welt, sie ist bizarr geworden. Mein Arbeitsleben läuft nahezu übergangslos weiter. Ich habe weiterhin Diskussionen mit meiner besten Freundin darüber, warum ich überhaupt arbeite, aber nach beinahe fünfzehn Jahren engster Freundschaft sind wir an einem Punkt angekommen, an dem entweder sie mich oder ich sie nicht mehr verstehe. Sie war es immer gewohnt, von mir meine ganze ungeteilte Aufmerksamkeit zu bekommen, dafür fehlt mir nun einfach die Kraft und ihr fehlt das

Verständnis. So sehe ich unsere Freundschaft langsam sterben und kann im Moment nichts dagegen tun.
Meine Tage sind selten kürzer als elf Stunden. Aber wie schnell vergehen schon elf Stunden, wenn meinem Vater und mir nur noch rund neun Wochen bleiben? Ich versuche mich abzulenken, aber ich fühle, wie die Fassade bröckelt. Ich ertrage meinen Alltag einfach nicht mehr so wie früher.
Ich bin Boulevardjournalist. Stars und solche, die sich dafür halten, sind mein Alltag. Das ist ein lustiges, aber auch hysterisches Geschäft rund um Egos. Jeder will im Mittelpunkt stehen, geliebt werden und giert nach Aufmerksamkeit. Ich liebe meine Arbeit, die mir seit fünfzehn Jahren selbst Normalität und einen gewissen Halt gibt. Und ein durch Erfahrung gewachsenes Selbstvertrauen, dass ich mit diesen Egos umgehen kann. In jedem normalen Bürojob würde ich vermutlich an der Excel-Tabelle versagen. Aber wenn es darum geht, auf Augenhöhe mit Prominenten zu sprechen, bin ich angstfrei.
In dieser Welt der Unterhaltung wird ein Leben zelebriert, das mit dem wirklichen nichts oder nur wenig gemein hat. Hier sind schon Banalitäten große Krisen wie ausbleibende Rollenangebote oder das ungerechte System an sich, das selbstverständlich immer jüngere, dünnere, schönere Konkurrentinnen und Konkurrenten hervorbringt. Es geht tagein tagaus um dysfunktionale Diäten, unfähige Liebhaber, unübersehbare Krähenfüße, untalentierte Stylisten, Assistenten und Manager. Kurzum – ich lebe in einer Welt, in der alle ständig »Ich! Ich! Ich!« schreien. Und in der im Grunde niemand wissen will, wie es wirklich in mir aussieht. Momentan strengt mich dieser Zirkus sehr an.
Was soll ich den Leuten schon sagen, die mich fragen,

wie es mir geht? Gibt es eine Smalltalk-Version, nach dem Motto: »Mein Vater stirbt gerade, aber mir geht's toll ...« Oder soll ich lieber doch immer schonungslos die Wahrheit sagen? Andererseits – wen geht das schon etwas an, wie es mir wirklich geht?
Mein Vater sagt: »Bist Du noch da?«
Ich sage: »Ja ... ja.«
Mein Vater sagt: »Wie ist denn nun der Tod?«
Ich sage: »Papa ... wie soll ich Dir diese Frage beantworten? Ich hoffe, Du musst nicht leiden. Ich glaube, die Ärzte sorgen gut für Dich.«
Mein Vater sagt: »Ich hatte noch kein Morphium.«
Ich sage: »Das ist doch vielleicht ein gutes Zeichen.«
Mein Vater sagt: »Bist Du bei mir? Dann?«
Ich muss einmal tief Luft holen. Dann. Wann dann auch immer ist. Ich weiß nicht, ob ich es kann, dann.
Ich sage: »Ja. Natürlich!«
Mein Vater sagt: »Ich habe Angst.«
Ich sage: »Ich auch.«

61

Mein Vater und ich, wir telefonieren jetzt – falls ich nicht in Hamburg bin – zweimal täglich, meist morgens zwischen Frühstück und Mittagessen und dann wieder am Nachmittag, wenn meine Mutter nach Hause gefahren und mein Vater noch nicht zum Abendessen gegangen ist.
An guten Tagen plaudern wir, also mehr ich als er, als sei es das Normalste auf der Welt. Wenn man mal außer Acht lässt, dass wir früher nie viel miteinander telefoniert haben. An schlechten Tagen vergisst er, dass wir

gesprochen haben und ruft mich abends noch mal an, wenn er im Bett liegt.
Dass mein Vater mich anruft, ist eine neue Erfahrung für mich. Früher war ich froh um jeden Satz, den ich nicht mit ihm sprechen musste, weil unsere Kommunikation immer merkwürdig bemüht war und ich annahm, dass er mich eh nicht versteht oder verstehen will. Heute warte ich förmlich darauf, mit ihm sprechen zu können. Zu meinem und seinem Erstaunen verstehen wir uns so gut wie nie zuvor. Und insbesondere dann, wenn wir allein miteinander sind. Als Kind fühlte ich mich zwischen die Fronten meiner oft streitenden Eltern geraten. Ich entschied mich, ob bewusst oder unbewusst weiß ich nicht, stets für meine Mutter Partei zu ergreifen. War das vielleicht ein Fehler? Hätte ich versuchen müssen, neutraler zu sein? Und kann ein Kind überhaupt neutral sein?
Treibt mich heute mein schlechtes Gewissen, jahrelang gegenüber ihm ein ignoranter Sohn gewesen zu sein, oder folge ich einfach meinem Herzen? Ich bin mir nicht sicher. Jedenfalls fühlt sich unsere neue Nähe gut an.
Vielleicht zum ersten Mal in meinem Leben sehe ich meinen Vater so, wie er es auch schon Jahrzehnte zuvor verdient hätte. Ein wenig eigentümlich, leicht altmodisch oder spießig aber eigentlich ganz nett.
Mein Vater langweilt sich, er fühlt sich einsam. Ich kann mich nicht daran erinnern, dass mein Vater weit vor Mitternacht ins Bett gegangen ist. Jetzt beginnt seine Nachtruhe mit der Tagesschau. Wenn Fußball kommt vielleicht zur Halbzeit. Wir sprechen jetzt sogar über Fußball – jahrzehntelang ein rotes Tuch für mich. Die Dauer-Schwäche des HSV, die Dominanz der Bayern und der BVB nach der Ära Klopp – meine fußballerischen Smalltalk-Kenntnisse haben einen erstaunlichen Umfang angenommen. Alles nur um ihm, meinem Vater,

ein wenig Ablenkung zu verschaffen. Je weniger versiert ich parliere, umso mehr amüsiert sich mein Vater über mich, was natürlich mein erklärtes Ziel ist.

Einmal waren wir zusammen im Stadion. Es war für mich ein furchtbar langweiliger Nachmittag, an dem der HSV mal wieder verloren hat. Aber für meinen Vater, der bis dato noch nie für irgendetwas VIP-Tickets besessen hatte, ein furchtbar aufregender Ausflug. Wir gerieten in wilde, lautstarke Horden von Fans und in eine S-Bahn die umzukippen drohte, weil die Fans einfach so lange auf und absprangen, bis die Waggons wackelten und nicht weiterfahren konnten. In meinen Augen blitzte sicher Panik auf, in den Augen meines Vaters hingegen sah ich pure Freude. Er hätte nie zugegeben, sich für jegliche Form von Anarchie begeistern zu können, aber an diesem Nachmittag sah ich vielleicht zum einzigen Mal, dass er konnte, wenn er nur wollte. Unser Ausflug zum Fußball blieb einmalig.

Dafür, dass ich meinerseits immer erwartet habe, als Kind seine Nummer Eins zu sein, habe ich ihn umgekehrt oft wie eine sehr weit von der Eins, auch weit von der Zwei oder weit von der Drei entfernte Nummer behandelt. Darüber zu grübeln ist jetzt nichtig. Ich frage mich trotzdem, ob mein Vater mir heute mein schlechtes Gewissen anmerkt oder ob ihm, wie mir auch, die Vergangenheit im Grunde egal ist, weil ich sie nicht ändern kann, sondern allenfalls nur mich.

Die Erkenntnis, meinem Vater lange Unrecht getan zu haben, kommt vielleicht zu spät. Aber ich will mich jetzt nicht mit mir und meinen Versäumnissen beschäftigen, sondern mit ihm. Und ihm das wenigstens jetzt geben, was ihm und auch mir so lange Zeit gefehlt hat. Ich bemühe mich deshalb, nur an das Heute und nicht an das Gestern zu denken. Und das Morgen möchte ich mir sowieso gar nicht ausmalen. Wir haben ja noch immer über 60 Tage, das sind zwei Monate im Idealfall. Es gibt immer noch ein Morgen. Und auch ein Übermorgen. Es muss einfach so sein.

60

Die Tage kommen und gehen und mit der Routine kehrt in unsere Familie eine – wie ich weiterhin finde – trügerische Ruhe ein.

Mein Bruder hält sich zurück. Meine Schwester hat sich nicht mehr gemeldet. Meine Tante kümmert sich um meine Mutter. Und mein Onkel besucht meinen Vater jetzt regelmäßig mit dem Fahrrad.

Mein Onkel hat, ganz anders als mein Vater, sein älterer Bruder, ein gewisses Talent, die Menschen im ersten Augenblick für sich einzunehmen. Ein Talent, das meinem Vater fehlt. Meine Mutter und mich erinnert mein Onkel manchmal ein bisschen an Thomas Gottschalk, nur nicht blond, nicht gelockt und eigentlich auch fast gänzlich ohne Haare. Und wenn er nicht bereits seit fünfzehn Jahren im Ruhestand wäre, käme man glatt auf die Idee, er würde einem am liebsten zum Dessert einen neuen Fernseher verkaufen wollen, was er jahrzehntelang sehr erfolgreich in ganz Norddeutschland gemacht hat.

Noch heute zehrt mein Onkel von irgendwelchen Werbegeschenken, die meines Wissens seit den Neunzigern in seiner Garage lagern und die sein Verkaufsgeschick stets untermauerten. Im Gegensatz zu meinem Vater, der aus einem Nein niemals ein Ja hätte machen können, weil er selbst derartige Kehrtwenden ebenfalls im-

mer vermied und sogar verabscheute, gibt mein Onkel erst nach, wenn die Kehrtwende vollzogen ist.
Mein Vater sagt: »Dein Onkel hat immer schon aus jeder Mark zwei gemacht.«
Ich sage: »Papa, wir haben seit über vierzehn Jahren den Euro.«
Mein Vater sagt: »Dann eben aus einer Mark zwei Euro. Das sind dann schon … vierhundert Prozent. Ohne Taschenrechner.«
Auch heute noch ist mein Vater immer froh, wenn er irgendwie mit Zahlen zu tun hat. Zahlen waren immer sein Terrain, sein Revier. Und vielleicht beruhigt es ihn, genau wie mich, wenn er sein altes Ich mal wieder gegen das Monster in seinem Körper verteidigt hat.
Ich sage: »Freu Dich doch. Seine Scheidung war schließlich auch teurer als Deine.«
Mein Vater lacht. Gott sei Dank. Es wird immer schwieriger, ihn aufzuheitern.
Wie zwischen den meisten Brüdern gab es vermutlich auch zwischen meinem Vater und seinem Bruder einen nie wirklich ausgesprochenen Wettlauf um Erfolg, Ansehen und nicht zuletzt die Liebe ihrer Mutter, denn ihr Vater starb, als die beiden Anfang zwanzig waren.
Ich weiß nicht, ob es meinen Vater jemals gestört hat, dass er nie die Nummer Eins war. Ich weiß allerdings, dass er definitiv immer die Nummer Zwei war. Schon die Frage danach hätte ihn vermutlich furchtbar aufgeregt. Wahrscheinlich hat ihn die zunächst durch den Krieg und anschließende Kriegsgefangenschaft frühe Abwesenheit und dann der frühe Verlust seines Vaters sehr viel mehr beeinflusst, als die Wahrscheinlichkeit, nicht der Lieblingssohn seiner Mutter zu sein.
Mein Onkel und mein Vater sind erst mit den Jahren Freunde geworden. Sie waren ein Team, als es darum

ging, meiner Oma ein glückliches Lebensende zu ermöglichen und blieben es auch über ihren Tod hinaus. Ob sie viele oder gar alle Geheimnisse miteinander geteilt haben, weiß ich nicht. Meine Mutter würde diese Frage verneinen. Ich würde es nicht ausschließen.
Vielleicht, ja, vielleicht können mein Vater und ich ja doch auch noch Freunde werden. Nicht so, wie wir es geworden wären, wenn wir vor dreißig Jahren damit angefangen hätten. Aber anders. Immerhin ist es noch nicht zu spät. Oder? Vielleicht sind ja dreißig gute Tage besser, als dreißig schlechte Jahre. Und – wir haben doch noch sechzig Tage. Mindestens.

59

Mein Vater sagt: »Michi, ich huste Blut.«
In dem Taschentuch meines Vaters ist tatsächlich ein roter Fleck. Sein Husten wird neuerdings immer schlimmer. Kratziger. Bedrohlicher. Lauter. Länger. Ja, verdammt noch mal, es ist Lungenkrebs. Und offenbar können wir ihn zwar nicht sehen, dafür aber umso deutlicher hören. Ich denke an diese furchtbaren Schockbilder auf den Zigarettenschachteln mit Tumoren in der Lunge, auf der Zunge oder sonst wo. Wahrscheinlich halten sie keinen Raucher von seiner Sucht ab, aber mich Nichtraucher haben sie für einen Moment kalt erwischt. Der Gedanke, dass mein Vater von innen langsam schwarz wird, dass sich in ihm ein gewaltiger, blumenkohlartiger Tumor immer weiter ausbreitet, ekelt mich mehr, als ich es mir erlauben möchte.
Ich denke kurz, dass ich mich ganz sicher übergeben muss, aber mein Vater sitzt direkt vor mir. Das kann

ich also auf keinen Fall tun, ohne ihn direkt zu treffen. Nicht mal als ich noch ein Kind war, ist mir das jemals passiert. Ich nehme mir hastig ein Pfefferminzbonbon aus seiner Westentasche und hoffe, dass ich mich damit schnell ablenken kann.

Der Drang wird nicht weniger und je länger mein Vater hustet, umso schlimmer wird es. Ich versuche, woanders hinzugucken, aber instinktiv nimmt mein Vater meine Hand, um das Beben in seinem Körper zu überstehen. Ich reiche ihm ein Glas Wasser, aber er scheint mich gerade nicht sehen zu können, so sehr kämpft er, um die Hoheit über seine Körper zurück zu gewinnen.

Ich lege meine Hand wie bei einem Kind, das sich verschluckt hat, auf seinen Rücken und streiche zwischen den Schulterblättern hin und her, in der Hoffnung, dass dieser Husten endlich aufhört, doch auch das gelingt mir nicht, da ja nicht ich, das Kind husten muss, sondern mein Vater. Umgekehrt hätte das sicher funktioniert.

Ich versuche, mit ruhiger Stimme irgendetwas ohne Belang zu sagen, aber auch das wirkt nicht. Ich drehe mich um und versuche, jemanden vom Personal zu erspähen, aber niemand ist zu sehen. Ich gehe fest davon aus, dass man meinen Vater hören müsste, so laut erscheint mir sein Husten, so lebensbedrohlich, so final, aber außer uns und einem Hasen ist niemand auf der Terrasse.

»Warum hört es nicht auf?«, denke ich. »Bist Du das, Tod? Jetzt schon? Wir haben doch noch Zeit, verdammt! Oh Gott, lass' es bitte nicht das Ende sein. Lass es bitte nicht so enden. Ich will nicht daneben sitzen und nichts tun können ...«

Ich weiß, dass ich am Ende sowieso nichts tun kann, aber gerade fühle ich mich noch hilfloser als sowieso schon.

Ich bin kurz davor, laut nach Hilfe zu rufen, ich hole tief Luft und plötzlich – Stille. Lähmende, endlose Stille. Ich stehe hinter meinem Vater und kann sein Gesicht nicht sehen. Sein eben noch bebender Körper bewegt sich nicht.
Ich rufe: »Papa! Papa?«
Keine Antwort.
Ich mache zwei Schritte um meinen Vater herum, um ihn richtig sehen zu können. Gott sei Dank. Er atmet. So tief ein, wie es in seiner Lage eben möglich ist. Er sagt kein Wort.
Ich sage: »Gott sei Dank. Ich dachte, Du stirbst.«
Mein Vater sagt: »Ich sterbe ja auch.«
Ich sage: »Papa, bitte. Das ist nicht komisch. Das hat mir Angst gemacht. Ich wusste nicht, wie schlimm es plötzlich ist.«
Ihm steht der Schweiß auf der Stirn und seine Hände zittern.
Das rechte Auge meines Vaters schickt eine zweite Träne auf ihre unabänderliche Reise hinaus in die Welt. Ich kann mich nicht daran erinnern, dass mein Vater jemals geweint hat. Vor mir jedenfalls auf keinen Fall. Die Männer seiner Generation haben ihre Tränen entweder als Kinder verbraucht oder spätestens nach dem Krieg verbannt. Genauso hilflos ist er auch mit meinen Tränen immer umgegangen. So, als wäre es irgendwie nicht richtig, zu weinen. Nicht tapfer. Nicht anständig. Wahrscheinlich nicht männlich.
Dass mein Vater vor mir weint, wäre so ausgeschlossen gewesen, wie ihn am Herd zu sehen. In der Oper. Oder mit einer Staffelei beim Malen. Muss ich mich womöglich beim Krebs bedanken, dass wir unsere wahren Gefühle nicht mehr verbergen? Also er mehr als ich.
Mein Vater sagt: »Das sagen wir Deiner Mutter nicht.«

58

Ich schlafe schlecht, weil ich meinen Vater husten höre. Ich spüre im Traum, dass ich unbedingt deswegen aufwachen muss. Doch als ich tatsächlich wach werde, merke ich, dass ich nicht neben meinem Vater eingeschlafen bin, sondern in meinem Bett in Berlin liege.
Ich setze mich auf die Bettkante und blicke in Richtung der geöffneten Balkontür vor meinem Bett und sehe den Mond, der ewig friedlich über unsere Straße strahlt.
Ich sage laut: »Wahnsinn, ich fantasiere schon.«
Ich schlafe wieder ein und durchlebe eine Stunde später alles noch einmal von vorne. Ich weiß nicht, wie lange ich so noch weitermachen kann. Jeder Schmerz in meinem Rücken, meiner Schulter, meinem Nacken, meinem Kopf, selbst meiner Achillessehne wird ebenfalls zum potenziellen Tumor. Zur Gefahr, zum Angriff auf meine Gesundheit. Ich weiß, dass das Quatsch ist, aber in meinen schwachen Momenten ist meine Panik stärker als mein Verstand.
Als mein Vater noch zu Hause war und es ihm mehr schlecht als recht ging, ist meine Mutter nachts von den leisesten Geräuschen aufgewacht. Oder auch, wenn sie nichts gehört hat. Ich höre gerade Geräusche, die es nicht gibt. Zumindest nicht in meiner Nähe.
Spielt mir mein Unterbewusstsein diese Streiche, oder führe ich sie bewusst herbei, indem ich quasi Tag und Nacht an meinen Vater denke? Was tut er jetzt? Was denkt er jetzt? Was fühlt er jetzt? Ich bin mir ganz sicher, dass mein Vater mindestens genauso schlecht schlafen kann wie ich.
Früher hat mein Vater geschlafen wie ein Stein. Und war dabei so laut wie ein Rolling Stone. Ich kann mich

an keine Phase seines Lebens erinnern, in der er nicht raumgreifend und raumübergreifend geschnarcht hat. »Dein Vater hat wieder einen ganzen Wald abgesägt«, war einer dieser Sätze meiner Mutter, die eine permanente, lautstarke Störung ihrer Nachtruhe über Jahrzehnte hinweg erduldet und ertragen hat. Ich erinnere mich an Ferienhäuser, in denen die Wände so dünn waren, dass ich ebenfalls kein Auge zubekommen habe. Und – noch schlimmer – an Hotelzimmer, die wir zu dritt bewohnt haben, in denen an Schlaf nun wirklich nicht zu denken war. Einmal habe ich doch geschlafen, in Jugoslawien, Anfang der Achtzigerjahre. Als ich im Morgengrauen wach wurde, hing direkt vor meinem Gesicht kopfüber eine Fledermaus. Sie hatte sich in unser Zimmer verirrt. Ich habe so laut geschrien, dass selbst mein Vater in dieser Nacht keine weitere Minute Schlaf fand. Meine Mutter behauptet bis heute, ich habe diese Fledermaus erfunden, aber ich sehe sie immer noch ganz deutlich vor mir.

Jetzt, wo meine Mutter allein im Bett schläft, tritt oder schlägt sie manchmal sanft in die Richtung der Betthälfte meines Vaters, weil sie glaubt, ihn schnarchen zu hören. Bettszenen einer Ehe halt. Als sie mir davon erzählt, lacht sie verschämt und wir beschließen, es ihm besser nicht zu erzählen. Ich habe zwar nicht den Eindruck, dass er nach Hause möchte, aber ich bin mir sicher, dass auch er nach fast vierzig Jahren Ehe schlechter allein schläft als zu zweit.

Dass Kinder Geheimnisträger ihrer Eltern sind, ist ja an sich nichts Neues. Ich wusste immer Dinge, die mein Vater meiner Mutter nicht erzählt hat. Wenn er heimlich für sie etwas gekauft hat oder kaufen wollte. Oder wenn er sich oder mir etwas gekauft hat, das sie möglichst nicht bemerken sollte – und es freilich doch immer tat.

Umgekehrt wusste ich natürlich noch mehr Dinge, die meine Mutter und ich von meinem Vater fernhalten wollten. Meistens, um Diskussionen aus dem Weg zu gehen. Doch so sehr Geheimnisträger wie jetzt war ich wohl noch nie. Mein Vater will über den Tod reden, meine Mutter auch – beide möglichst getrennt voneinander. Und ich sitze wieder wie in meinen Kinderjahren zwischen allen Stühlen.

So weitgehend kontrolliert ich die Tage überstehe, so unkontrolliert bin ich zunehmend in den Nächten. Ich liege immer wieder lange wach, lese im Internet wieder seitenweise über Krankheitsverläufe, die dem meines Vaters ähneln. Immer wieder versuche ich genau das nicht zu tun, weil ich zeitweise denke, etwas nicht zu wissen, könnte in unserer Situation eine Gnade sein, doch es gelingt mir einfach nicht. Ich ertappe mich sogar dabei, wie ich mit dem iPhone in meiner Hand aufwache. Die negativen Gedanken werden, wenn ich alleine bin, immer stärker.

Neuerdings bilde ich mir manchmal sogar ein, seine Stimme zu hören. Natürlich ist da nichts, obwohl ich seine Stimme auf meinem Anrufbeantworter gespeichert habe. Aber seine Nachricht aus guten, gesunden Zeiten hüte ich wie einen Schatz, den ich vorerst geschlossen halten möchte und erst dann öffnen werde, wenn ich wirklich nicht mehr wissen werde, wie sich seine Stimme anhört. Oder, und auch davor habe ich Angst, wenn sich seine Stimme so sehr verändert, dass ich sie nicht mehr richtig erkennen werde. Denn auch das fällt mir auf: Mein Vater klingt zunehmend heiser, seine Stimme bricht.

»Der Körper verabschiedet sich oft Stück für Stück«, ist so ein Satz, den ich im Hospiz immer wieder höre. Worauf können wir, worauf kann mein Vater zuerst verzichten? Und welche Stellung wird bis zum Schluss gehalten? Der Finger ist schon weg, die Luft bleibt jetzt

immer öfter weg, die richtigen Worte fehlen manchmal auch, der Appetit ist noch da, der Schmerz aber auch immer öfter und die Müdigkeit. Gehen geht nicht mehr, vom Rollstuhl aufstehen und sich auf die Toilette setzen allerdings schon. Sich allein eine Zigarette anzünden sowieso, Essen und Trinken auch, doch seine Zähne wirken neuerdings immer größer.
Kann es wirklich sein, dass Menschen friedlich einschlafen, wenn sie vorher mit aller Kraft um ihr Leben kämpfen? Muss ich vielleicht etwas tun, wenn das Ende naht? Lag mein Bruder vielleicht doch nicht so daneben, als er unseren Vater in die Schweiz zum Sterben bringen wollte? Als ich den Satz zu Ende gedacht habe, schüttelt es mich. Ich muss verdammt noch mal aufhören damit. Ich muss stark sein. Zusammenbrechen kann ich immer noch – aber bitte nach ihm.
Ich überlege, meinen Therapeuten wieder zu reaktivieren. Vielleicht habe ich es ihm auch zu verdanken, dass ich im Umgang mit meinem Vater jetzt nicht gelähmt bin, sondern zumindest handlungsfähig. Und dass ich weiß, dass es kein Zurück gibt, aber vielleicht noch einen gemeinsamen Schritt nach vorn. Fast wie beim Schach: Mit klugen, überlegten Zügen kommt man besser ans Ziel. Ausgerechnet Schach. Das, was ich nie mit ihm spielen wollte.

57

Meine Mutter sagt: »Papa hat heute drei Partien Schach gespielt!«
Mein Vater sagt: »Und alle gewonnen. Wenn ich nicht nachdenke, funktioniert das fast noch so wie früher.«

Ich sage: »Na siehst Du! Wenigstens etwas.«
Meine Mutter sagt: »Und er hat ganz allein damit angefangen.«
Mein Vater hat in seinem neuen Wohnzimmer offenbar ein altes Schachbrett entdeckt. Wie in allen diesen Einrichtungen gibt es auch im Hospiz in den öffentlichen Räumen Bücher, Spiele und andere Dinge, die ganz offensichtlich von früheren Bewohnern hierher gebracht wurden und die nun anderen Menschen den Alltag ein wenig angenehmer gestalten sollen. Es ist kein Turnierbrett, was meinen Vater früher sehr gestört oder sogar davon abgehalten hätte, gut zu spielen, aber hier im Hospiz erfüllt es seinen Zweck.
Wir sprechen nicht gern und nicht viel darüber, aber mein Vater leidet zunehmend am Alleinsein, denn auch wenn wir versuchen, ihn regelmäßig und oft mit unseren Besuchen von den anderen Leuten abzulenken und seinen Tagen dadurch so gut wie möglich eine Struktur zu geben, gibt es immer wieder Stunden, in denen keiner bei ihm ist.
Ich frage: »Wieso hast Du denn wieder angefangen? Du wolltest doch eigentlich nicht mehr Schach spielen.«
Mein Vater sagt: »Mir war langweilig.«
Ich sage: »Das tut mir leid. Aber gut, dass Du wieder spielst.«
Mein Vater hat sich, wenn es stimmt, was er sagt, allein mit dem Schachbrett ins Wohnzimmer gesetzt und so lange gewartet, bis jemand kam, der ihm Gesellschaft geleistet hat. Noch vor wenigen Wochen hat er es ausgeschlossen, jemals wieder Schach zu spielen. Wahrscheinlich, um sich sein nahendes Ende und seine schwindende geistige Kraft nicht eingestehen zu müssen. Aber dieser Druck ist offenbar von ihm abgefallen.

Herr S. ist in seinem Alter, sein Körper ist ebenfalls

voller Krebs, seine Überlebensprognose ähnlich aussichtslos wie die meines Vaters und abgesehen davon ist er vielleicht der amüsanteste Mann, den mein Vater seit Jahren kennengelernt hat. Er wird fortan sein bester Freund im Hospiz, wenn man das so sagen kann. Auch wenn sein Körper schwach ist, sind seine Augen groß und wach. Seine Haare sehen immer aus wie frisch geföhnt. Manchmal schläft er mitten im Satz ein, um eine Viertelstunde danach wieder aufzuwachen und weiterzureden, als sei nichts passiert. Manchmal bricht er mitten im Satz ab, um gar nicht weiterzusprechen. Seine Medikamente zwingen Herrn S. zur Zeitlupe am Ende seines Lebens und vielleicht ist es gerade diese Langsamkeit, diese scheinbar angehaltene oder verlangsamte Zeit, die mein Vater sehr genießt. Oder durch die er sich jedenfalls nicht bedroht fühlt. Dass mein Vater jetzt einem anderen Rhythmus folgt, dass sein Leben eine andere Geschwindigkeit hat, ist eines dieser Dinge, die wir anderen, wir Gesunden oft nicht wahrhaben oder verstehen können. Dass eine Partie jetzt also durchaus auch einen ganzen Nachmittag in Anspruch nehmen kann, scheint meinen Vater nicht zu stören.

Schon früher hat er stundenlang alleine irgendwelche Partien nachgespielt, um seine Niederlagen nachzuvollziehen, um sie zu verstehen. Ich hingegen habe nie verstanden, wie und warum er sich so lange allein mit einem Spiel beschäftigen kann, noch dazu einem bereits gespielten, das eigentlich für zwei Spieler ausgelegt ist. Aber ihn schien das nie zu stören, im Gegenteil. Er hat aus jeder Partie gelernt und konnte sogar oft wochenlang danach noch über irgendwelche Züge philosophieren, die angeblich alles verändert haben. Warum habe ich sein Talent nie gesehen? Sein Genie?

Ich sage: »Wenn Du heute drei Partien gewonnen hast, dann schlägst Du mich auch im Halbschlaf.«
Mein Vater sagt: »Ich hatte aber auch keinen wirklichen Gegner.«
Wir lachen.
Herr S. sei zwar ein recht passabler Spieler gewesen, aber natürlich habe sein zwischenzeitiges Einschlafen meinen Vater ein wenig aus der Konzentration gebracht.
Mein Vater sagt: »Wir haben eine Zigarette geraucht und danach war er matt.«
Ich sage: »Naja. Vielleicht kannst Du ihm Unterricht gegen Zigaretten geben.«
Mein Vater sagt: »Das wird teuer.«
Meine Mutter sagt: »Auch mit einem Stück Gehirn weniger funktioniert Dein Vater noch ganz gut.«
Ich sage: »Das habe ich nie bezweifelt. Nur an mir bist Du verzweifelt.«
Ob mein Vater aus der Langeweile heraus wieder angefangen hat, Schach zu spielen, oder aus der Neugierde, zu sehen, was er noch kann und was nicht mehr, weiß ich nicht. Jedenfalls sind es fortan nicht mehr nur die Zigaretten, die ihm Kontakte zu seinen neuen Nachbarn herstellen, sondern auch sein von meiner Mutter und mir immer etwas abfällig betrachteter »Sport«.
Mein Vater sagt: »Ich weiß aber nicht, wie lange das noch gut geht.«
Ich sage: »Das entscheidest Du von Tag zu Tag.«
Mein Vater sagt: »Meinst Du, das kann ich?«
Ich sage: »Ja.«

56

Ich bin Waage Aszendent Zwilling. Muss ich mehr sagen? Das heißt, dass ich immer alles endlos abwägen muss und vor lauter Unentschlossenheit schon so viel Gelegenheiten in meinem Leben verpasst habe. Manchmal denke ich, dass ich nur ein Chromosom von der Schizophrenie entfernt bin, nur um kurz danach zu erkennen, dass schon dieser Gedanke reichlich verrückt ist.
Ganz im Gegensatz dazu mein Vater, der ewig brüllende Löwe. Seinen Aszendenten kenne ich nicht, aber wozu auch? Der Löwe, den er übrigens auch als goldenen Anhänger an einer Kette trägt, so lange ich denken kann, brüllt stets und ständig und so stark, dass es kein weiteres Sternzeichen braucht, um meinen Vater zu erklären.
Wie kann dieser Mann, der so ganz anders ist als ich, auch nur im Entferntesten mit mir verwandt sein? Dass wir uns im Laufe der Jahre nicht gegenseitig die Köpfe eingeschlagen haben, und zwar nicht nur verbal und lautstark, kommt mir im Nachhinein beinahe wie ein Wunder vor. Oder hat gerade dieses Bootcamp, diese geballte Autorität mich zu dem gemacht, was ich heute bin? Bis heute stört mich keinerlei Reibung, obwohl ich mich als absolut harmoniesüchtig beschreiben würde und Konflikten nach Möglichkeit lieber aus dem Weg gehe. Nicht, weil ich sie scheue, sondern weil ich meine Ruhe haben will.
Es ist eine dieser Fragen, die mein Vater mir bislang nicht beantwortet hat. Ob mit mir alles so gelaufen ist, wie er sich das auf dem Schachbrett seines, nein, unseres Lebens ausgemalt hat. Bin ich die Figur, die er sich für mich gewünscht hätte, oder bin ich doch nur einer dieser in ihrem Radius eingeschränkten Bauern? Ich weiß, dass mein Vater immer am liebsten mit der Dame spielte.

Aber ich hätte ja schlecht sagen können, dass ich gern wie eine Dame auf dem Schachbrett wäre – flexibel in alle Richtungen und angriffslustig.
Im Gegensatz zu sehr vielen, sehr unnötigen Vorschriften hat mein Vater mir kein einziges Mal vorgeschrieben, welchen Beruf ich ausüben soll. Bei den ganzen Dingen, die er sonst so kontrolliert hat, war das ehrlich gesagt ziemlich ungewöhnlich. Aber ich war nie eines dieser Kinder, die Medizin oder Jura studieren sollten, nur damit die Eltern beruhigter schlafen können.
Ich frage: »Wo bin ich wie Du?«
Mein Vater sagt: »Ich bin müde, Michi.«
Ich sage: »Ich auch. Aber ich muss das wissen, so lange ich Dich noch fragen kann.«
Mein Vater sagt: »Du kannst mich immer fragen.«
Ich sage: »Mag sein, aber vielleicht antwortest Du irgendwann nicht mehr.«
Mein Vater lacht.
Ich sage: »Ich meine das ganz ernst. Irgendwann kann ich Dich nicht mehr fragen. Und ich denke nicht, dass Du noch ein paar Jahre mit der Beantwortung meiner Fragen warten solltest.«
Bin ich wie Du, wenn ich lieber süß als salzig esse?
Bin ich wie Du, wenn ich den Geruch von Holz mag?
Bin ich wie Du, wenn ich niemals Lederschuhe mit Gummisohlen kaufen würde?
Bin ich wie Du, wegen dieser furchtbaren Zornesfalte, die einfach nicht verschwinden will, egal was ich ihr entgegensetze?
Bin ich wie Du, wenn ich zwanzig Kisten Mineralwasser bestelle, weil ich dann zehn Prozent spare, so wie bei Loriot, dafür aber keinen Platz mehr im Keller habe?
Bin ich wie Du, wenn ich gerne Käse mit Senf esse? Je schärfer, desto dicker und desto besser?

Bin ich wie Du, wenn ich nicht gerne Bargeld verleihe und stattdessen lieber die Rechnung im Restaurant bezahle?
Bin ich wie Du, wenn ich die Rosen zu »Blume 2000« zurückbringen, weil sie nach zwei Tagen die Köpfe hängen lassen, und das so nicht geht?
Bin ich wie Du, wenn ich den Raum verlasse, weil ich denke, dass ich eine Auseinandersetzung so am besten beenden kann?
Bin ich wie Du, wenn ich Leute nicht sehe, die ich einfach nicht sehen und deswegen auch nicht sprechen will?
Bin ich wie Du, wenn ich spätabends noch dringend ein paar Kekse oder andere Süßigkeiten brauche?
Bin ich wie Du, wenn ich, falls es hart auf hart kommt, mich doch immer darüber ärgern kann, nicht mutiger zu sein?
Bin ich wie Du, wenn ich geradezu ein diebisches Vergnügen daran haben kann, etwas billiger zu kaufen, als ich ursprünglich gedacht habe? Völlig egal, ob ich mir auch den höheren Preis hätte leisten können.
Bin ich wie Du, wenn ich es schaffe, mich für andere Menschen überhaupt nicht zu interessieren?
Bin ich wie Du, wenn ich diese Verbundenheit zu bestimmten Orten habe, von denen ich wirklich nicht weiß, warum ich mich ihnen nahe fühle?
Bin ich wie Du, wenn bestimmte Erinnerungen für mich ausschließlich über Essen funktionieren?
Bin ich wie Du, wenn ich stundenlang im Badezimmer verbringen kann? Nicht vor dem Spiegel, aber in der Badewanne zum Beispiel.
Bin ich wie Du, wenn ich lieber nicht so gern über Geld spreche? Also es entweder habe oder eben nicht.
Bin ich wie Du, wenn ich auch ohne Gesellschaft stundenlang mit mir allein sein kann, wenn ich es nur will?

Bin ich wie Du, wenn ich notfalls – und leider kommt das manchmal vor – auch sehr kleinkariert sein kann?
Bin ich wie Du, wenn ich Mama manchmal lieber nicht alles erzähle, damit sie besser schlafen kann? Was sie ja wegen Dir sowieso konnte.
Bin ich wie Du, wenn ich mit Dir streite? Laut, unnachgiebig und auch mal unsachlich? Bin ich dann wie Du?
Mein Vater sagt: »Hast Du was gesagt, Michi? Ich muss wohl eingeschlafen sein.«
Ich sage: »Nichts, Papa. Ist schon gut.«

55

Meine Augen scheinen bisweilen schneller zu sein als mein Verstand. Als ich zu meinem Vater ins Zimmer komme, sitzt er auf seinem Bett und lacht mich an. Die Sonnenstrahlen blenden mich und sorgen für einen ihn sanft umschmeichelnden Weichzeichner, so dass er mindestens ein Jahrzehnt jünger und drei Jahrzehnte gesünder aussieht.
Ich gucke ihn an und denke erneut: Dieser Mann – todkrank? Im Ernst? Das muss ein Irrtum sein.
Ich sage: »Hallo Papa. Du siehst gut aus.«
Mein Vater sagt: »Ich habe schon auf Dich gewartet.«
Ich sage: »Hast Du gut geschlafen?«
Mein Vater sagt: »Ich habe mich rasiert. Komm, hilf mir mal.«
Mein Vater streckt beide Hände in meine Richtung aus, damit ich ihm beim Aufstehen helfe. Immerhin, denke ich, ist er jetzt so vernünftig, dass er nicht mehr allein aufsteht. Oder zumindest nicht, wenn wir dabei sind.
Dass mein Vater mittlerweile Hilfe gut und auch gerne

annehmen kann, hat sich in den letzten Tagen immer weiterentwickelt. Er schämt sich nicht mehr, die Klingel zu drücken. Er lässt sich sogar von den Schwestern duschen oder auf die Toilette bringen. Den Rest macht er dann schon allein. Im Gegensatz zu unserem Badezimmer zu Hause hat er hier ein behindertengerechtes Badezimmer mit diversen Haltevorrichtungen und Griffen, an das er sich erstaunlich schnell gewöhnt hat. Es scheint bizarr, aber auch im Sterben lernen wir offenbar noch jeden Tag etwas Neues hinzu. Und sei es nur, wann es Zeit ist, die alten Gewohnheiten über Bord zu werfen.
Morgens, mittags und abends wartet mein Vater darauf, dass er zu den Mahlzeiten abgeholt wird. Wenn wir zu Besuch sind, fahren mir mit ihm auf die Terrasse oder ins Wohnzimmer, wo wir abwechselnd mit ihm »Kniffel« spielen, rauchen oder Kaffee trinken. Wenn es um Zigaretten geht, ist mein Vater mittlerweile weniger wählerisch als früher. Doch wenn es um Kuchen geht, entscheidet er sich meistens sehr klar für alles, was irgendwie mit viel Sahne gemacht wurde oder wo er zumindest Schlagsahne dazu bekommt. Das muss auch so eine alte, unterbewusste Angewohnheit aus dem Krieg und den Jahren danach sein.
Meine Mutter achtet peinlich genau darauf, dass wir für jeden Kaffee, den wir trinken, und jedes Stück Kuchen, das wir essen und meist von Angehörigen gebacken wurde, auch wirklich nicht zu wenig Geld spenden. Ich schlage vor, dass wir ja besser wöchentlich einen gewissen Betrag in die Kaffeekasse legen können, aber davon hält sie wenig. Immerhin hat sie beschlossen, dass sie fortan auch regelmäßig Kuchen und Torten backt, um diese dann den Bewohnern und Angehörigen zu spenden. Eine Idee, die mein Vater schon aus eigenem Inter-

esse nur unterstützen kann. Ob wohl der Tag kommt, an dem mein Vater keinen Appetit mehr auf Kuchen haben könnte? Ich kann es mir nicht vorstellen, so wie er jetzt vor mir sitzt.
Ich sage: »Wo willst Du denn hin?«
Mein Vater zeigt auf die Badezimmertür.
Er sagt: »Erst mal um die Ecke.«
Ich sage: »Soll ich jemanden holen?«
Mein Vater sagt: »Ach was. Du bist doch da.«
Ich sage: »Na, hoffentlich geht das nicht in die Hose ...«
Mein Vater lacht. Ich lache auch. Ich halte ihn an beiden Händen während er aufsteht und schließlich aufrecht direkt vor mir steht. Er atmet tief ein, oder jedenfalls so tief, wie sein Lungenvolumen es erlaubt, und mit jedem Kubikzentimeter Luft scheint er sich ein Stück seiner arg ramponierten Würde zurückzuerobern. Für einen Moment mustert er mich von oben bis unten mit einem Blick, der immer noch seinesgleichen sucht, nur um danach milde, mit feuchten Augen zu lächeln.
Vater und Sohn, Hand in Hand. Jahrzehntelang undenkbar, unmöglich und vielleicht auch ungewollt. Es sind diese leisen Momente, die meine über lange Jahre sehr lautstarke Beziehung zu meinem Vater jetzt neu definieren. Ist das Leise, das Schweigen, das Innehalten, das sich Erinnern an andere, glücklichere Tage vielleicht schon die Vorstufe der Trauer?
Wir stehen da, zwanzig, dreißig Sekunden und mein Vater scheint es zu genießen, aufrecht, gerade und nahezu kräftig vor mir zu stehen. Wir halten uns an den Händen, an der linken, heilen, ebenso wie an der mit dem fehlenden Mittelfinger, rechten. Schon wieder denke ich, wie kurze Zeit es doch letztendlich nur gebraucht hat, diese Hand mit nur vier Fingern als Normalzustand zu akzeptieren.
 Durch den fehlenden Mittelfinger sieht die rechte Hand

meines Vaters irgendwie krallenartig aus, weniger wie die Hand eines Löwen, sondern wie die Hand eines Greifvogels. Naja, bezogen auf die Nahrungssuche stimmt das sicher auch, denke ich. Weiterhin ist kein Keks, kein Stück Schokolade vor meinem Vater sicher.
Mein Vater sagt: »Also los!«
Ich gehe rückwärts, mein Vater geht vorwärts. Wir halten uns weiterhin an den Händen. Seine Schritte sind klein und leise, schwach und unsicher, aber das Wissen, dass er es schafft, allein oder fast allein auf die Toilette zu gehen, stimmt ihn euphorisch.
Er lacht mich an, als sei dies der glücklichste Moment seines bisherigen Tages. Und vielleicht habe ich als Kind ihn ebenso angelacht, als ich meine ersten Schritte an seiner Hand gemacht habe. Der Kreislauf des Lebens erscheint geradezu greifbar in diesem Moment.
Wir stehen an der geöffneten Tür des Badezimmers und mein Vater hält sich an der Zarge fest.
Ich sage: »Was jetzt?«
Er sagt: »Da rein.«
Ich sage: »Dringend?«
Mein Vater formt den Mund zu einem O und verzieht das Gesicht.
Ich sage: »Dann komm.«
Er sagt: »Nur Spaß.«
Ich sage: »Soll ich wirklich niemanden holen?«
Er sagt: »Wieso? Sind doch fast da.«
Es ist nicht so, dass ich Probleme damit habe, meinen Vater auf die Toilette zu bringen. Ich habe während meiner Zeit nach dem Zivildienst ganz andere Arbeiten erledigen müssen und war dabei halb so alt wie jetzt. Aber jetzt trifft mich mein Vater etwas unvorbereitet. Oder will er mich nur testen?
Mein Vater steht mittlerweile neben der Toilette und

lässt seine Hose zu Boden fallen. Er steht in Unterhosen vor mir, betrachtet sich erst selbst im Spiegel und blickt dann zu mir. Sein eigenes Spiegelbild scheint ihm zu gefallen. Mein Anblick hingegen scheint ihn zu sorgen.
Er sagt: »Was ist denn?«
Ich sage: »Nichts, alles gut.«
Er sagt: »Na, dann mach die Tür zu. Ich setze mich jetzt hin.«
Ich sage: »Dauert es lange?«
Mein Vater sagt: »Nein. Nur die Cola. Die muss weg.«
Ich sitze vor dem Badezimmer auf dem Fußboden, mein Vater sitzt hinter der verschlossenen Tür auf dem Klo. Ich höre ihn atmen, kurz husten und sich räuspern. Ich höre die Rolle mit Klopapier, wie sie mit ihrer Halterung gegen die Wand kommt, ich höre die Klospülung und den Klodeckel. Minuten vergehen, vielleicht zehn, in denen die Tür verschlossen bleibt.
Ich tue etwas, was ich auf der anderen Seite einer Badezimmertür schon immer gehasst habe – ich spreche durch sie hindurch.
Ich frage: »Ist alles in Ordnung bei Dir?«
Mein Vater sagt: »Ja, was soll denn sein?«
Ich frage: »Brauchst Du was?«
Mein Vater sagt: »Nein, ich habe alles.«
Ich frage: »Brauchst Du Hilfe?«
Mein Vater sagt: »Wobei denn?«
Ich sage: »Ist gut. Mach langsam.«
Mein Vater sagt: »Schnell geht ja auch nicht.«
Als mein Vater nach einer gefühlten Ewigkeit die Tür öffnet, sitze ich neben seinem Bett auf einem Stuhl.
Mein Vater sagt: »Kuckuck! Fertig!«
Ich sage: »Ich dachte schon, Du bist eingeschlafen.«
Mein Vater sagt: »Auf dem Klo doch nicht. Ich hab' Kaffeedurst. Du siehst müde aus.«

54

In zwei Monaten haben meine Eltern ihren vierzigsten Hochzeitstag. Es ist die erste Etappe, die mein Vater gerne noch erreichen möchte. Gemessen an der Prognose könnte es knapp werden, aber es zu schaffen, wäre nicht unmöglich. Denn – was sagen schon diese Prognosen aus? Und außerdem hält er sich zur Zeit stabil auf seinem aktuellen Niveau.

Dann, fünf Wochen später, wird mein Bruder fünfzig. Immerhin ist mein Bruder der älteste Sohn meines Vaters und fünfzig, na ja, und wie man so hört, ist das für jeden Mann eine wichtige Wegmarke im Leben. Auch das könnte also ein weiterer Meilenstein sein, den mein Vater unbedingt noch erreichen möchte. Auch wenn sein eigener fünfzigster Geburtstag in meiner Erinnerung ziemlich unspektakulär war: mit Gipsbein, ohne große Party, im Wohnzimmer.

Weitere vier Wochen später feiert mein Vater – so Gott, die Mediziner und der Countdown es wollen – dann seinen achtzigsten Geburtstag. Er befände sich dann, was die Prognose betrifft, schon ziemlich weit in der Verlängerung, aber möglich wäre auch das.

Ein Zimmer weiter lebt eine Frau, die schon mehrere Monate im Hospiz lebt, und wie sie selbst sagt, einfach nicht sterben kann. Was, wie meine Mutter mir erklärt, nicht ganz unproblematisch ist, denn irgendwann zahle die Krankenkasse die Unterbringung nicht mehr. Ich wende ein, dass es ja eigentlich ganz schön sein könnte, dem Tod von der Schippe zu springen und einfach allen Diagnosen zum Trotz zu überleben. Wieso dann nicht auch mein Vater?

Meine Mutter sagt: »Was sollen wir denn machen, wenn sie Papa hier wieder entlassen?«

Ich sage: »Also Mama, wirklich. Hier kommt keiner lebend raus.«
Meine Mutter sagt: »Doch, ich habe gelesen, dass man zum Sterben nur sechs Monate Zeit hat.«
Ich sage: »Und was ist nach sechs Monaten und einem Tag? Muss man dann zum Sterben auf die Straße? Das ist doch verrückt. Mein Gott, hoffentlich hört uns keiner.«
Meine Mutter sagt: »Was machen wir denn, wenn uns das passiert?«
Ich sage: »Erstmal freuen wir uns, dass Papa noch lebt. Und dann sehen wir weiter.«
Sechs Wochen nach seinem achtzigsten Geburtstag, also Ende September, steht dann mein vierzigster Geburtstag an. Ein Datum, das ich eigentlich gerne ignorieren würde, aber wenn es meinen Vater überleben lassen könnte, mein Gott, dann stellen wir die vierzig eben ab sofort stärker heraus.
Wahrscheinlich ist mein Geburtstag sogar ein doppelter Grund zum Feiern, denn ohne meine nahende Ankunft hätten meine Eltern sicher nicht so schnell geheiratet. Aber es waren die Siebziger und wahrscheinlich war man damals noch ein wenig spießiger, wenn es darum ging, für ein neues Leben – meines – ein geordnetes Umfeld zu schaffen. Zwar kam ich zwei Monate zu früh auf die Welt und mein Weg führte mich zunächst für viele Nächte in den Brutkasten, wie meine Mutter erzählt, aber da war ich dann nun einmal, also musste die Ehe auch halten.
Zwar habe ich die letzten Jahre meinen Geburtstag nie gemeinsam mit meinen Eltern gefeiert – ich wüsste gar nicht einmal mehr, wann zuletzt –, aber wenn mein Vater in diesem Jahr dabei sein könnte, würde ich eine Ausnahme machen. Versprochen!

Als ich noch ein Kind war, waren wir an meinen Geburtstagen im Kino oder beim Kegeln, was man eben so gemacht hat. Und ich war ein so artiges Geburtstagskind, dass ich auf der Kegelbahn regelmäßig den letzten Platz belegt habe. Aber vollkommen egal: Wenn es meinen Vater ablenken würde, dann würde ich sicher eine Kegelbahn finden, auf die ich ihn mit seinem Rollstuhl oder notfalls auch mit seinem Krankenbett fahren kann. Wenn er nur überlebt.

Ich habe mir als Kind manchmal vorgestellt, wie alt ich wohl sein werde, wenn meine Eltern sterben. Und auch, wenn das lange zurückliegt, eines weiß ich noch ganz genau: Ich war ganz sicher nicht Ende dreißig! Vielleicht irgendwie um die fünfzig, aber nicht früher.

Gibt es überhaupt den richtigen Zeitpunkt, an dem man bereit dafür ist, ohne Eltern zu leben? Also de facto kein Kind mehr zu sein? Klar, wir alle wollten so schnell wie möglich erwachsen sein. Aber dann sind wir plötzlich doch ganz schnell wieder Kinder, wenn die Königsberger Klopse dampfend in der Küche stehen, die nur so und nirgends anders so gut sind wie zu Hause. Oder wenn der Zitronenkuchen oder die Vanillekipferl noch genauso schmecken wie am neunten Geburtstag oder Weihnachten Mitte der Achtzigerjahre.

Wenn unsere Eltern sterben, sterben wir ein Stück mit. Auch wenn die Pädagogen, die Philosophen oder die Psychologen sagen, dass unsere Eltern in uns weiterleben, durch uns überleben, behaupte ich das Gegenteil. Mit meinem Vater muss ich mich jetzt von einem nicht unerheblichen Teil meines Lebens verabschieden. Mit seinem Teil von mir, und diesen Teil kann niemand ersetzen. Schon jetzt nicht, wo er noch lebt. Und schon jetzt ist vieles von ihm, von uns, gestorben.

53

Der Pfleger sagt: »Haben Sie mit Ihrem Vater über seine Reise gesprochen?«
Ich sage: »Welche Reise? Muss er noch mal ins Krankenhaus? Ich glaube, das will niemand von uns.«
Der Pfleger sagt: »Nein, nein. Entschuldigung. Die letzte Reise, so nennen wir den Abschied Ihres Vaters von seinem Leben hier, auf der Erde.«
Ich muss mich kurz sammeln. Letzte Reise? Ich wollte doch eigentlich erstmal noch einen richtigen Ausflug mit meinem Vater planen.
Ich sage: »Ist es denn schon so weit?«
Der Pfleger sagt: »Nicht heute. Und wohl auch nicht morgen. Aber wir wissen es nie genau. Sie sollten mit Ihrem Vater darüber sprechen. Oder zumindest in der Familie überlegen, wer mit ihm darüber spricht.«
Ohne lange zu überlegen signalisiere ich, dass ich wohl der beste Ansprechpartner für dieses Thema bin und bedanke mich, dass der Pfleger mich zuerst angesprochen hat. Wir verabreden, das Thema vorerst diskret zu behandeln. Meine Mutter würde sich allenfalls aufregen.
Ich frage: »Was genau meinen Sie? Was soll ich besprechen?«
Der Pfleger sagt: »Bevor unsere Bewohner uns verlassen, wenn Sie so wollen, ausziehen, waschen wir sie und ziehen ihnen etwas Schönes an. In der Regel haben unsere Bewohner sehr genaue Vorstellungen davon, wie sie uns verlassen möchten. Können Sie sich vorstellen, wie das bei Ihrem Vater aussehen könnte?«
Mein Vater und Mode, das sind zwei Welten, die sich einander nie wirklich angenähert haben. Außer für gute Schuhe – unbedingt mit Ledersohlen wegen ansonsten

schnell zu heißer Füße – hat mein Vater wenig Sinn für Mode gehabt.
Fast durch meine gesamte Kindheit zogen sich demzufolge eine mausgraue Alcantara-Jacke, die wir damals noch irrtümlicherweise für Leder hielten, eine dunkel blaue Cordhose, die an vielen Stellen immer heller wurde und unzählige Schurwoll-Westen – ganz wichtig: Westen, denn Strickjacken sind ja immer viel zu warm –, die mein Vater drinnen und draußen trug. Dinge, die er kaufte, sollten möglichst lange halten – und erst in zweiter Linie gut aussehen. So passiert es dann, dass ein Schrank voll war mit Kleidungsstücken, die ihren Zenit weit hinter sich gelassen hatten. Nicht, weil sie verschlissen oder aufgetragen waren, nein, sondern weil sie schon aus optischen Gesichtspunkten heraus mehr als von gestern oder vorgestern waren. Teilweise sogar aus einer Zeit vor meiner Geburt. Wenn Frauen ihre Vintage-Mode tragen, ist es meistens toll. Wenn Männer es tun, kann es hingegen schnell tragisch werden. Immerhin das – und das muss ich ihm zugutehalten – hat mein Vater auch so gesehen, so dass die sehr deutlich aus den Siebzigern stammenden Teile im Schrank blieben.
Meine Mutter sagt immer, dass mein Vater ein sehr gut aussehender Mann war und dass sie sich ja, wenn es anders wäre, niemals in einen Buchhalter verliebt hätte. Das ist dann immer die Stelle, an der mein Vater mir erklärt, dass ein Buchhalter sehr wichtig sei, wenn man eine Familie ernähren muss. Aber ich vermute, meine Mutter hat vor lauter Begeisterung nicht so genau auf seinen Kleidungsstil geachtet.
Ich war schon immer das komplette Gegenteil meines Vaters. Dass ich die Summen, die ich für bestimmte Jacken, Schuhe oder Mäntel ausgegeben habe, grundsätzlich ein wenig nach unten korrigiert habe, um mich

in keine Diskussion mit meinen Eltern zu verstricken, habe ich seither beibehalten.
Dass man nur so viel Geld ausgeben kann, wie man hat, ist die vielleicht logischste aller Regeln meines Vaters, die ich stillschweigend übernommen habe. Dass ich ihm gegenüber darüber schweige, wie viel ich wofür ausgebe, ist meine persönliche Erweiterung seiner Regel.
Ich frage: »Sie denken wirklich, dass ich besser keine Zeit verlieren sollte? Mein Vater ist modisch eher desinteressiert. Wahrscheinlich hätte er lieber sein Schachbrett dabei als eine Krawatte.«
Der Pfleger sagt: »Es ist Ihre Entscheidung. Nur tun sie es.«

52

Mein Vater sagt: »Heute ist meine Nachbarin gestorben.«
Ich sage: »Das habe ich gesehen. An ihrer Tür war ein Schmetterling über ihrem Namen.«
Mein Vater sagt: »Ob die wohl auch schon einen für mich haben?«
Ich kann mich an die Situation gewöhnen, dass mein Vater todkrank ist, ich kann mich an das Hospiz gewöhnen, woran ich mich aber nicht gewöhnen kann, ist, dass mein Vater mir solche Fragen stellt. Der Tod, er scheint über ihm zu kreisen, wie ein Geier, der nur auf den richtigen Moment wartet, ihn zu schnappen. Ich versuche es mit einem Witz.
Ich sage: »Der Tod ist ein Geier, aber guck mich an, Papa: Ich sehe aus wie eine Vogelscheuche.«
Draußen ist typisches Hamburger Schmuddelwetter, ich bin nass und durchgeweht.

Mein Vater lacht. Glück gehabt.
Mein Vater sagt: »Und haben die einen … einen …«
Ich sage: »Schmetterling?«
Mein Vater sagt: »Ja. Sch…Wort.«
Manchmal, so scheint es, fehlen meinem Vater von der einen zur anderen Sekunde Wörter, die er eben noch ausgesprochen hat. Dann gibt es wieder Momente, in denen er völlig normal scheint.
Ich sage: »Also, ich weiß nicht, ob sie schon einen Schmetterling für Dich ausgesucht haben, aber ich denke, dass Du ganz sicher einen bekommst. Aber – müssen wir jetzt darüber nachdenken?«
Mein Vater sagt: »Ja. Ich halte nicht mehr lange durch.«
Ich frage: »Wie kommst Du denn darauf?«
Mein Vater sagt: »Guck mich an. Überall wütet der Tod.«
Ich sage: »Dafür schlägst Du Dich aber noch wacker.«
Mein Vater sagt: »Aber warum? Damit es noch schlimmer mit mir wird?«
Ich sage: »Papa. Ich weiß, dass das alles schlimm ist und ich würde Dir so gerne helfen. Aber alles, was ich tun kann, ist dafür zu sorgen, dass Du und ich vielleicht ein paar gute Momente am Tag haben.«
Mein Vater sagt: »Den hatte ich heute schon. Als ich gegen Dich gewonnen habe im ›Kniffel‹. Zweimal.«
Ich sage: »Ich habe extra verloren.«
Mein Vater sagt: »Das glaube ich Dir nicht.«
Ich sage: »Wir wissen, dass der Krebs gewinnen wird. Aber noch nicht jetzt. Wir haben doch noch so viel vor.«
Mein Vater sagt: »Was meinst Du?«
Ich sage: »Der Hochzeitstag. Dein Geburtstag. Und Deine Söhne haben auch noch runde Geburtstage.«
Mein Vater sagt: »Das müsst Ihr alles ohne mich machen. Dann bin ich schon weg.«

Ich sage: »Wie kannst Du denn das sagen? Das weißt Du doch gar nicht.«
Mein Vater sagt: »Glaub mir. Es geht zu Ende. Ich fühle das.«
Ich sage: »Das ist mir auch klar. Sonst wärst Du nicht hier. Aber vielleicht können wir uns mehrere, kleine Ziele setzen. Etappen, die Du erreichen könntest. Ich ... ich will nicht, dass Du einfach so aufgibst.«
Mein Vater sagt: »Das tue ich nicht. Aber Ich weiß nicht, wie lange ich noch die Kraft habe.«
Ich sage: »Das weiß niemand.«
Mein Vater sagt: »Es ist ein Wunder, dass ich noch lebe. Erst die Operation am Kopf. Ich bin immer wieder aus dem Bett gefallen. Ich bin mit dem Kopf aufgeschlagen. Ich lag in meinem eigenen Blut. Wie lange habe ich noch Glück? Das geht doch nicht mehr lange gut.«
Ich wundere mich darüber, wie klar, beinahe analytisch mein Vater auf einmal ist. In wenigen Sätzen hat er gerade die letzten Monate rekapituliert, als sei es die Geschichte eines anderen Mannes.
Ich sage: »Ja, aber Du bist verdammt noch mal immer noch hier. Weil Du offenbar stark bist. Weil Du noch nicht gehen sollst. Oder willst.«
Mein Vater sagt: »Ich will aber nicht mehr.«
Ich sage: »Papa, bitte. Was soll ich denn darauf antworten? Ich werde um jeden Tag mit Dir kämpfen.«
Mein Vater sagt: »Ich kann nicht mehr.«
Ich sage: »Wenigstens bis zum Hochzeitstag.«
Mein Vater sagt: »Wann ist das?«
Ich sage: »Du weißt doch wohl noch, wann Euer Hochzeitstag ist?«
Mein Vater sagt: »28. Mai.«
Ich sage: »Siehst Du.«
Mein Vater sagt: »Also. Wann ist das?«

Ich sage: »Ich glaube, es sind etwas über acht Wochen.«
Mein Vater sagt: »Das schaffe …«
Ich sage: »Bitte. Sag das nicht. Bitte.«
Mein Vater nimmt sich eine Zigarette. Wir blicken uns lange schweigend an und halten uns an den Händen. Ich lege meine andere Hand auf seine Schulter und versuche, ihn zu trösten. Als sich an seiner Nase ein großer Tropfen bildet, muss ich unfreiwillig lachen.
Mein Vater: »Warum lachst Du?«
Ich sage: »An Deiner Nase. Ein Tropfen.«
Mein Vater sagt: »Egal.«
Ich halte ihm ein Taschentuch vor seine Nase und trockne sie ihm schließlich ab. Wieder so eine Situation, die Eltern vermutlich häufiger bei ihren Kindern machen als umgekehrt Kinder bei ihren Eltern.
Mein Vater sagt: »Ich will nichts mehr feiern.«
Ich sage: »Wenn Du stark bist, dann versuche ich es auch zu sein.«
Mein Vater sagt nichts.
Ich sage: »Bitte. Versprich es mir!«
Mein Vater sagt: »Versprichst Du mir, dass Du Mama Blumen kaufst? Zum Hochzeitstag.«

51

Mein Bruder sagt: »Hast Du mit Papa über unsere Schwester gesprochen?«
Meine Schwester ist für mich, wenn überhaupt, die Tochter meiner Mutter, die allerdings mit meinem Bruder nicht verwandt ist.
Mein Bruder sagt: »Na, seine heimliche Tochter. Unsere Schwester.«

Ich sage: »Nein. Und das habe ich auch nicht vor. Ich weiß ja offiziell nicht einmal, dass es sie gibt.«
Mein Bruder sagt: »Vielleicht möchte sie ihren Vater noch einmal sehen.«
Ich sage: »Noch einmal? Überhaupt einmal.«
Mein Bruder sagt: »Oder so.«
Ich sage: »Wenn Papa das gewollt hätte, dann hätte er die letzten fünfundfünfzig Jahre Zeit dafür gehabt. Meines Wissens hat er nie einen Versuch unternommen, sie zu treffen. Hast Du mit ihm darüber gesprochen?«
Mein Bruder sagt: »Ich habe es versucht. Ich bin nicht weit gekommen.«
Es fällt mir schwer, die Situation, mich von meinem Vater verabschieden zu müssen, zu akzeptieren. Doch noch viel schwerer tue ich mich damit, meinen Vater mit all seinen biografischen Brüchen zu verstehen. Vielleicht habe ich es aber auch einfach nicht genug versucht.
Ich habe meinen Frieden damit gemacht, dass wir Jahre im Streit verbracht, uns unfair behandelt haben. Das ist okay, denn es war auf eine gewisse Weise immer gegenseitig. Vielleicht hat es mich stark gemacht, dass wir uns ständig aneinander gerieben haben, auch wenn ich es mir sehr oft anders gewünscht hätte. Und das, was wirklich zählt, ist, dass wir uns heute, am Ende, näher sind als jemals zuvor. Das Gefühl, dass da doch so etwas wie Liebe füreinander ist, auch wenn sie lange nicht an die Oberfläche kam, erfüllt mich mit Freude und auch mit ein wenig Stolz. Dass sich in meinem Vater allerdings eine Charaktereigenschaft, eine Persönlichkeit, ein ganzer Lebensabschnitt verbirgt, den er sorgsam vor allen Mitmenschen und somit auch vor mir verheimlichen wollte, erfüllt mich immer noch mit Erstaunen und auch mit Wut.

Ich erlebe gerade, dass Familie die vielleicht wichtigste Verbindung im Leben ist, der Notausgang, die Lebensversicherung. Und weiß nicht als einziger, dass es eine Tochter meines Vaters gibt, die ebenfalls ein Recht auf ihren Vater beanspruchen kann, obwohl er ihr persönlich den Zugang zu unserer Familie nie gestattet hat, weil er in ihr einen Fehltritt, einen Ausrutscher, das Ergebnis einer ungewollten Affäre sah.
Was ist das für ein Vater, der ein Kind, sein eigenes Fleisch und Blut, ein Leben lang ignoriert? Hat er den Schmerz gefühlt, den sie möglicherweise gefühlt hat? Hätte er sie nicht lachen oder weinen sehen müssen wie mich? Hätte er das auch mit mir getan, mich wegignoriert, wenn er sich von meiner Mutter hätte scheiden lassen? Ist das Selbstschutz von ihm? Bequemlichkeit? Oder lässt sich auch hinter einem Kind ein Haken machen, wie hinter irgendeinem buchhalterischen Posten, wenn man auf dem Papier für alles sorgt und ansonsten seine Ruhe haben will?
Ich bin mir nicht sicher, ob ich meinen Vater jetzt mit diesem Thema konfrontieren kann. Anderseits – was soll ihm passieren? Was könnte schlimmer sein, als es schon ist? Heute klagt er über Schmerzen in den Rippen und das Luftholen fällt ihm gerade auch schwer. Einzig die Aussicht auf eine Zigarette hebt seine Laune für einen Moment.
Ich bin mir sicher, dass ich es versuchen könnte und auch den richtigen Ton treffen würde. Ich glaube, dass er mich anhören würde – weglaufen, wie früher, kann er schließlich nur bedingt. Aber wäre es fair, ihn mit diesem Thema zu quälen? Was würde sich für mich ändern, außer, dass ich ein wenig mehr über das Leben meines Vaters vor meinem Leben wissen könnte?
Über fünf Jahrzehnte ist mein Vater dem Thema »un-

eheliche Tochter« wann immer möglich ausgewichen. Bei seiner Ex-Frau, bei seinen Brüdern, bei seiner Mutter, bei meiner Mutter, bei meinem Bruder. Was sollte sich also an der Situation ändern, wenn ich auch noch einen Anlauf unternehme? Die große Beichte auf dem Sterbebett? So sehr ich es mir insgeheim vielleicht auch wünschen würde, dass mein Vater auf der Zielgeraden noch eine moralische Kehrtwende unternimmt, so stark bezweifle ich doch, dass er sich dazu bewegen ließe.

Ja, ich finde es feige und dumm von ihm, nicht den Mut gehabt zu haben, mit mir und meinem Bruder über unsere Schwester zu sprechen. Wir sind nicht das beste Beispiel für eine funktionierende Familie, aber dennoch hätte auch diese Frau, von der ich nicht einmal weiß, wie sie heißt, vielleicht eine Chance verdient uns kennen zu lernen und vor allen auch ihren Vater. Oder sich jetzt von ihm zu verabschieden.

Letztlich fühle ich mich einen Moment lang darin bestätigt, wie ich meinen Vater viele Jahre lang eingeschätzt habe, als wir noch nicht mit dem Krebs gelebt haben. Als jemanden, zu dem ich nicht uneingeschränkt aufblicken kann und es erst recht nicht tue, nur weil er mein Vater ist.

50

Ich gucke auf mein Handy und zucke zusammen. Noch 50 Tage. Von den 100 Tagen Gnadenfrist ist die Hälfte vorbei. Der Krebs sitzt uns im Nacken und wir haben den Tod vor Augen. Ab morgen sind wir dem Tod näher als dem Leben.

Ich erschrecke mich schon wieder. Dieses Mal über meine Worte. Darf ich das auch nur denken? Vielleicht mache ich es ungeschehen, wenn ich es gleich wieder vergesse. 50 Tage liegen hinter uns. Sind für immer weg. Vergangen. Geschichte. Verloren. Aber auch Verschwendet? Ich glaube nicht.
Nie habe ich mich bewusster mit meinem Vater auseinandergesetzt. Nie klarer mit ihm geredet. Nie ihm mehr zugehört, mich ihm geöffnet und er sich mir umgekehrt. Jetzt, wo er geht, kommt er mir näher von Tag zu Tag.
Ich bin in der Gegenwart meiner Eltern stabil und klar im Kopf. Ich funktioniere im Job und mein Privatleben liegt brach. Aber irgendwo muss ich ja Abstriche machen. Mein Körper ist überraschend robust. Ich habe den ganzen Winter keine Erkältung gehabt, keine Migräne und auch keinen Ausschlag. Je kränker mein Vater wird, desto gesünder komme ich mir vor. Ist das der Lauf der Dinge, dass ich mich im Vergleich mit ihm anders wahrnehme? Meine vermeintlichen Neurosen einfach abschalten kann?
Ich komme mit wenig Schlaf und schlechtem Essen aus. Selbst billiger Wein schlägt mir nicht auf den Magen wie sonst. Mein Tinnitus ist fast verstummt, mein Ischias-Nerv ebenso. Ich bin jeden Morgen aufs Neue überrascht, wie viele Reserven mein Körper offenbar noch mobilisieren kann. Aber wie lange noch?
Seit Wochen wünsche ich mir nichts mehr, als einfach mal, nur für einen Moment, für einen kleinen Augenblick, die Zeit anzuhalten. Um uns allen eine Atempause zu verschaffen, doch so sehr ich es auch versuche – es gelingt mir einfach nicht.
Habe ich am Anfang noch gedacht, 100 Tage könnten sicher auch ganz schön lang sein, wenn man sie bloß

richtig ausfüllt, habe ich jetzt immer stärker das Gefühl, mich in einem Strudel zu befinden, an dessen Ende wir alle verschlungen werden und nichts mehr so sein wird, wie die Welt, die ich zuvor gekannt habe. Heil, unbeschwert und ein Stück weit belanglos.
Wie wird es sein, wenn er nicht mehr ist? Wird meine Mutter das Oberhaupt der Familie werden, wie Miss Ellie in »Dallas«? Oder mein Onkel als Ältester? Oder muss ich mehr Verantwortung übernehmen, als ich es jetzt schon getan habe?
Wird meine Mutter überhaupt ohne meinen Vater überleben können? Finanziell? Und emotional? Muss ich vielleicht doch zurück nach Hamburg ziehen? Oder zumindest ein Jahr Pause machen mit der Arbeit? Oder wenigstens ein halbes?
Ich beschließe, die Frage zunächst zurückzustellen. Und komme wieder einmal zu der Erkenntnis, dass mein Vater offenbar doch etwas in mir gepflanzt hat, das jetzt beginnt Früchte zu tragen. Es gibt doch mehr als nur mein Leben. Es gibt etwas, das größer ist als ich, und das fängt immer wieder mit einem »Wir« an. Andere Söhne müssen für diese Erkenntnis vielleicht erst selbst Kinder bekommen. Ich musste diesen Teil offenbar überspringen, um vielleicht zum ersten Mal zuerst an das »Wir« und dann erst an mich zu denken.
So schmerzhaft diese Erfahrung und die damit verbundenen Umstände auch sind, umso größer wird meine Dankbarkeit von Tag zu Tag, überhaupt zu dieser Erkenntnis gelangt zu sein.
Ich sage: »Wenn Papa vom Bus überfahren worden wäre, dann wäre es viel schlimmer für uns.«
Meine Mutter sagt: »Ich weiß nicht.«
Ich sage: »Doch. Denn das Schicksal schlägt zwar zu, aber es holt erst Schwung. So lange haben wir Zeit.«

Zeit, Zeit und immer wieder Zeit. 50 Tage, das sind einen Tag mehr als sieben Wochen. Das ist eine Woche mehr, als früher die Sommerferien gedauert haben. Eine Ewigkeit damals. Und jetzt kaum mehr als ein Wimpernschlag.
Mein Vater sagt: »Mir tut die rechte Seite so weh.«
Der Schmerz, er wird jetzt langsam aber stetig immer stärker und ist immer weniger einfach zu ignorieren.
Ich sage: »Hast Du Dich gestoßen?«
Mein Vater sagt: »Nein. Das ist der Tumor. Ich fühle es.«
Ich frage: »Wie schlimm ist es denn? Auf einer Skala von eins bis zehn?«
Mein Vater sagt: »Na, so sechs.«
Ich sage: »Denkst Du, dass Du es aushalten kannst?«
Mein Vater sagt: »Ich muss wohl noch ein wenig mehr die Zähne zusammenbeißen.«
Ich frage: »Was kann ich tun?«
Mein Vater sagt: »Nichts.«
Ich sage: »Wirklich?«
Mein Vater sagt: »Nichts. Hörst Du, wie ich pfeife?«
Wann immer mein Vater versucht, tief Luft zu holen, geht das nur mit unüberhörbaren Geräuschen. An guten Tagen ist es ein leises Rasseln, an schlechten klingt es neuerdings wie das weit entfernte Pfeifen einer Dampflokomotive, die am Horizont um eine Kurve biegt und auf uns zu fährt. Ich denke kurz daran, ob ich mich möglicherweise darauf gefasst machen muss, mich bald an noch ganz andere Geräusche gewöhnen zu müssen. Aber wieder einmal verbiete ich mir die Schwarzmalerei. An heute denken, nicht an gestern und erst recht nicht an morgen.
Wann immer ich an typische Geräusche meines Vaters während meiner Kindheit denke, dann ist es – der Krebs hat offenbar Spaß an der Ironie – seine unverwechselbare Art zu pfeifen. Ohne Hände – andere Väter brauchten

meist vier Finger oder mindestens zwei – konnte mein Vater so laut pfeifen, dass wir ihn schon hören konnten, als er noch lange nicht zu sehen war. Dass er jetzt so ganz anders und so unfreiwillig pfeift, macht mich traurig. Wir sind alle beunruhigt deswegen, wir versuchen aber, diese Geräusche zu ignorieren, indem wir sie in unseren Alltag integrieren, sie normal werden lassen.
Ich sage: »Das ist doch die ganze Zeit schon so.«
Ich weiß, dass mein Vater weiß, dass ich lüge.

49

Das letzte Weihnachten war geprägt von Angst und vielen Stunden in der Notaufnahme. Jetzt steht Ostern vor der Tür, und ich bin fest entschlossen, uns allen noch einmal einen guten Moment zu ermöglichen.
In den letzten Jahren hat es sich so ergeben, dass meine Eltern, meine Tante und mein Onkel und ich die wichtigen Feiertage meist irgendwie zusammen verbracht haben. Wir haben damit angefangen, als meine Oma noch lebte und einfach nicht damit aufgehört, weil wir trotz regelmäßiger, ich vermute mal normaler familiärer Unstimmigkeiten über das Essen, die Geschenke und die Getränke doch alle wissen, was wir aneinander haben. Unsere alljährlichen Fotos mit Selbstauslöser unter dem Tannenbaum sind legendär, und meistens fangen wir schon im Frühjahr damit an, dass wir uns auf den nächsten Versuch freuen, das vermeintlich perfekte Foto entstehen zu lassen.
Ich bin zwar optimistisch, trotzdem weiß ich, dass das vergangene Weihnachtsfest das letzte war, das wir mit meinem Vater gefeiert haben. Bis zum nächsten Weih-

nachten wären es noch unfassbar weit entfernte, knappe dreihundert Tage, und so sehr, dass er dann noch lebt, denke ich, können sich bestimmt auch die Ärzte nicht geirrt haben.
Und trotzdem – ich würde uns allen so gerne noch ein bewusstes Familienfest schenken. Ein letztes Mal mit meinem Vater, drei oder vier Stunden ohne Sorgen und in privater Umgebung.
Wir haben früher schon meine Oma jedes Jahr an Weihnachten mit einem Krankentransport abholen und wieder nach Hause bringen lassen. Sie hat das sehr genossen, auch wenn es sicherlich anstrengend für sie war. Mein Vater und mein Onkel haben das organisiert und es nie bereut. Ich bilde mir also ein, dass wir als Familie mit dieser Prozedur vertraut sind. Und trotzdem erzähle ich meiner Mutter zunächst nichts von meiner Idee, weil das in meinen Augen größere Hindernis ein anderes ist – mein Vater.
Ich sage: »Papa. Ich muss mit Dir etwas besprechen.«
Mein Vater scheint einen guten Tag zu haben. Er öffnet die Augen und wackelt mit den Ohren. Er will mir damit sagen, dass er ganz Ohr sei und wahrscheinlich fällt es ihm leichter, als mit mir zu sprechen. Außerdem weiß er, dass ich ihn auch ohne Worte verstehe.
Ich sage: »Lass uns mal kurz ernst sein. Es ist wichtig.«
Mein Vater fragt: »Willst Du heiraten?«
Ich sage: »Papa, bitte keine Scherze. Sonst kommen die Zigaretten weg.«
Mein Vater macht ein Gesicht wie ein beleidigtes Kind, weiß aber auch, dass ich es nicht ernst gemeint habe. Zigaretten sind weiterhin das einzige Mittel, um ihn zur Vernunft zu bringen, sagt meine Mutter. Mir ist das egal – Hauptsache, es wirkt.
Ich sage: »Es geht um Ostern.«

Mein Vater sagt: »Wann ist Ostern?«
Ich sage: »Am nächsten Wochenende.«
Mein Vater sagt: »Na und? Ich habe hier jeden Tag Hasen.«
Ich sage: »Das weiß ich. Aber mir geht es um etwas anderes.«
Mein Vater sagt: »Mir geht es heute nicht gut.«
Ich sage: »Ich weiß. Das tut mir so leid. Ich wollte Dich mit einer Idee ablenken.«
Mein Vater sagt: »Idee? Was denn?«
Ich sage: »Wie fändest Du es, wenn Du Ostern nach Hause kommst?«
Mein Vater sagt: »Michi, das geht nicht. Ich kann nie wieder nach Hause.«
Ich sage: »Naja. Das stimmt so nicht ganz. Ich habe gefragt. Du kannst, wenn Du möchtest, nachmittags nach Hause. Wir lassen Dich hinbringen und abends wieder abholen. Und wir könnten noch einmal Ostern feiern, damit wir alle ein paar schöne Stunden haben.«
Mein Vater sagt: »Und wenn ich auf die Toilette muss?«
Ich sage: »Dann bringen wir Dich hin.«
Mein Vater sagt: »Aber der Rollstuhl geht doch nicht durch die Tür.«
Ich sage: »Wir schaffen das schon.«
Mein Vater sagt: »Nein. Nein. Nein.«
In den letzten Wochen, als mein Vater noch zu Hause war, hat mein Vater oft reflexartig so oft hintereinander »Nein« gesagt, bis niemand mehr etwas gesagt hat. Eine Angewohnheit, die vor allem meine Mutter an den Rand des Wahnsinns gebracht hat.
Sie sagt: »Willst Du etwas Tee?«
Er sagt: »Nein. Nein. Nein.«
Sie sagt: »Hast Du Hunger?«
Er sagt: »Nein. Nein. Nein.«
Sie sagt: »Willst Du ins Bett?«

Er sagt: »Nein. Nein. Nein.«
Wir wissen heute, dass dieses ständige Verneinen im Zusammenhang mit seiner Operation am Gehirn stand. Seither ist es immer weniger geworden, obwohl ich manchmal den Eindruck habe, dass sich mein Vater einen Spaß daraus macht und uns testen will, wie oft er »Nein« sagen muss, bis wir die Nerven verlieren.
Ich sage: »Hör mit dem Nein-Nein-Nein auf. Du weißt, dass Mama das gar nicht gut vertragen kann.«
Mein Vater sagt: »Michi, ich ... ich kann nicht nach Hause.«
Ich sage: »Aber warum denn nicht? Wir sind doch alle da! Dir wird nichts passieren.«
Mein Vater sagt: »Ich habe Angst.«
Ich sage: »Das weiß ich. Ich auch. Und ich will Dich auch nicht überreden. Aber ich glaube, dass es für uns alle gut sein könnte, noch einmal so einen Moment zu erleben. So viele davon werden nicht mehr kommen. Du weißt das, und ich weiß das.«
Mein Vater sagt nichts.
Ich sage: »Versprichst Du mir, dass Du wenigstens darüber nachdenkst? Du musst mir jetzt nichts dazu sagen und auch morgen nicht. Aber bitte überlege es Dir.«
Mein Vater sagt: »Weiß Deine Mutter das denn schon?«
Ich sage: »Nein. Nein. Nein.«
Mein Vater lacht und sagt: »Blödmann.«

48

Auch wenn der Tod in unserer Familie schon früh gewütet hat – als eine meiner Omas starb, war ich noch nicht einmal neun Jahre alt –, wurde er doch so weit es geht von mir ferngehalten. Und da Kinder für ihre Eltern ja doch irgendwie immer Kinder bleiben, wäre es meiner Mutter sicherlich nicht unangenehm, wenn wir es dabei belassen könnten. Ich habe sie nie danach gefragt, aber wahrscheinlich hat irgendwann auch sie angefangen daran zu glauben, dass mein Vater, wie er stets beteuerte, hundertzwanzig Jahre alt werden würde, so dass sie nach dieser Logik vor ihm die Bühne der Lebenden verlassen werde. Nun ist es doch anders gekommen, und wir müssen wohl oder übel damit umgehen.

Das Thema lässt sich zwischen uns leider nicht ohne gewisse Spannungen besprechen. Schon oft haben wir darüber mehr oder weniger emotional diskutiert, dass meine Mutter am liebsten auf der grünen Wiese begraben werden möchte, was ich strikt ablehne, denn schließlich sei ich ja dann – hoffentlich – noch da und brauche einen Ort zum Trauern. Einen Ort, an dem ich sie vermute oder wenigstens ihre sterblichen Überreste antreffen möchte. Diese Unterhaltung setzt sich dann stets so fort, dass Gräber nur Zeit und Geld kosten, und beides könnte ich im Fall der Fälle sicher sinnvoller investieren. Schließlich kümmere sich mein armer Vater ja seit Jahrzehnten um die ganzen Gräber, und sie wolle mich mal sehen, wie ich zwischen Maulwürfen und Grabkerzen auf Knien mehrmals im Jahr ihr Grab herrichte.

Ich war als Kind oft genug dabei, als mein Vater zwei Gräber, nämlich die meiner Großeltern, gepflegt hat, und ich hatte ehrlich gesagt nie den Eindruck, dass ihm diese Tätigkeit in irgendeiner Form lästig oder unangenehm war, im Gegenteil. Es hat ihm meines Erachtens sogar Freude gemacht, da wir keinen Garten hatten, in dem er etwas hätte anpflanzen können.

Dass mein Vater verbrannt werden will, hat er bereits entschieden. Eine Entscheidung, die mich überrascht

hat, weil er meines Wissens der erste in unserer Familie ist, der sich das so ausgesucht hat. Aber gut – sehr viel wird der Krebs ja sowieso von ihm nicht übriglassen.
Mein Vater sagt: »Als Organspender falle ich aus.«
Ich sage: »Vielleicht nimmt die Wissenschaft Dich noch.«
Mein Vater sagt: »Als Versuchskaninchen?«
Ich sage: »Als Studienobjekt.«
Mein Vater sagt: »Mir egal. Ich will verbrannt werden.«
Von Anfang an hat mein Vater diesen Wunsch klar kommuniziert. Ein Testament hat er nie gemacht, dafür wäre es in den letzten Monaten vermutlich auch zu spät gewesen. Dass er nun ebenfalls anonym beerdigt werden will, ist allerdings ein Aspekt des Endes, den ich nicht ganz akzeptieren kann – und will.
Ich sage: »Ich möchte einen Ort haben. Ich möchte wissen, wo er ist. Ich will irgendwo innehalten können. Und es ist egal, ob einmal, dreimal oder fünfzigmal im Jahr.«
Meine Mutter sagt: »Dein Vater will aber keinen großen Stein.«
Ich sage: »Das hat er so gesagt? Genau so? Das glaube ich nicht.«
Meine Mutter sagt: »Er will jedenfalls kein Grab.«
Ich sage: »Da geht es doch wieder nur ums Geld. Können wir nicht einmal aufhören, über dieses blöde Geld nachzudenken?«
Meine Mutter sagt: »Es ist sein Wunsch. Und ich will nicht, dass er sich darüber aufregt, dass es Dir nicht gefällt.«
Ich sage: »Und was ist mit uns? Zählen unsere Wünsche denn gar nicht, wenn es darum geht, um ihn zu trauern? Wir müssen weiterleben. Wir müssen damit klarkommen, dass er nicht mehr unter uns sein wird. Wir. Wir. Wir. Ihm ist das vermutlich ziemlich egal, wenn er es hinter sich hat.«

Meine Mutter sagt: »Noch lebt er ja.«
Ich sage: »Das ist doch kein Argument. Ich will nicht, dass alles, was mich an meinen Vater erinnern wird, eine dumme Wiese ist.«
Meine Mutter sagt: »Die haben das halbanonyme Grab auf dem Friedhof in Bergstedt sehr schön angelegt. Er möchte auch keine Trauerfeier, keinen Redner und kein großes Brimborium. Er will einfach schnell unter die Erde.«
Ich merke, es tut uns gut, dass meine Mutter und ich zwischendurch mal wieder ohne Rücksicht auf Verluste etwas lauter miteinander werden. Denn – natürlich will ich den letzten Willen meines Vaters nicht missachten. Aber ich weiß auch, dass man mit ihm, gerade jetzt, durchaus verhandeln kann. Und sei es mittels Androhung von strengerer Rationierung von Zigaretten.

47

Ich wache auf. Ich weiß nicht, wo ich bin. Nur ganz kurz, aber so lange, dass es mich irritiert. Ich weiß nicht, welcher Tag ist. Fühle mich so schwer, als läge ich unter einem Grabstein. »Schon wieder dieser verdammte Stein …«, denke ich. Gestern wollte ich ihn noch. Jetzt kann ich mich nicht von ihm befreien. Und das, obwohl er in Wahrheit nur in meinem Kopf existiert.
Meine Zunge ist pelzig, mein Hals trocken, meine Augen verklebt. Ich bekomme schlecht Luft durch meine Nase. Ich muss zweimal niesen. Das dritte Mal wird zu einem massiven Hustenanfall. Mein T-Shirt ist kalt und nass. Mein Ohr pfeift, mein Hals schmerzt und mein Kopf

dröhnt. Mein linker Fuß kribbelt, meine Lendenwirbelsäule und meine Schulter melden sich ebenfalls. Ich kann nicht aufstehen, ich kann mich nicht umdrehen. Ich möchte am liebsten nicht einmal die Augen geöffnet lassen.
Ich liege in völliger Dunkelheit. Die Vorhänge leisten hervorragende Arbeit. Ich habe im Halbschlaf Geräusche von Eiskratzern auf Windschutzscheiben wahrgenommen. Es muss also kalt sein, aber das merke ich nicht. Von der Straße hallt Kinderlärm in mein Schlafzimmer. Ich bin zu schwach, um mich darüber aufzuregen.
Ich schiele in Richtung Wecker, es ist weit nach elf Uhr. Aber es ist mir egal. Ich kann an nichts mehr denken. Ich will an nichts mehr denken. Ich beschließe, heute im Bett zu bleiben. Mich der Welt zu entziehen. Meinem Vater. Meiner Mutter. Meiner Familie. Dem Krebs. Dem Tod. Der Endgültigkeit. Der Aussichtslosigkeit. Der Trauer. Der Ernsthaftigkeit. Nur heute. Vielleicht Serien gucken. Oder einfach schlafen. Einfach nur schlafen. Und dann mit neuer Kraft aufwachen. Das ging doch sonst auch immer. Immer! Warum sollte es jetzt nicht funktionieren? Ich spüre, ich brauche eine Pause.

46

Ich rufe meinen Vater an. Wieder mal. Ich habe aufgehört, unsere Telefonate zu zählen. Aber in den letzten Tagen und Wochen waren es sicher mehr als in den letzten zehn Jahren zuvor. Der Krebs nimmt ihm mitunter seine Worte, seine Geschwindigkeit, aber er hat uns unsere Sprache zurückgegeben.

Sein Anschluss im Hospiz ist die erste Nummer der Wahlwiederholung. Es ist die einzige Nummer, die ich derzeit regelmäßig von meinem Festnetztelefon anrufe. Ich weiß sie auswendig, obwohl ich sie nur einmal eingegeben habe. Seine Nummer ist umgekehrt die einzige, von der ich regelmäßig zu Hause angerufen werde. Meine Mutter meldet sich meist auf dem Handy, und da mein Vater jetzt nicht mehr den Überblick über günstige Vorwahlnummern hat, kommen Mobilfunktelefonate sowieso nicht mehr in Betracht.

Die Leitung knackt. Es dauert lange, bis überhaupt eine Verbindung aufgebaut wird. Ich habe ein komisches Gefühl, denn unser einzig konstanter Draht zueinander, unser tägliches Ritual, scheint kurzzeitig bedroht zu sein. Was wären wir ohne dieses Telefon? Kurioserweise hat sich herausgestellt, dass diese kurzen, in Wahrheit belanglosen Gespräche über das Wetter, das Essen oder das liebe Geld meinem Vater oft gerade mehr helfen als alles andere. Medizinisch oder therapeutisch betrachtet kann ich ja sowieso nicht viel tun. Aber am Telefon können wir, an guten Tagen, für fünfzehn oder zwanzig Minuten ein wenig Normalität miteinander leben.

Ich sehe ihn nicht, wenn er sich nur mühsam aufrecht halten kann. Oder wenn er wieder seinen Finger sucht, den er schon lange nicht mehr hat. Er sieht mich nicht, wenn ich mal wieder vor Fassungslosigkeit über das Unausweichliche den Kopf schütteln muss. Das Telefon, es beschützt uns gegenseitig. Es ermöglicht uns Distanz und Nähe zugleich. Wir müssen uns nicht ansehen, wenn wir Dinge aussprechen, die uns nicht leichtfallen. Und vielleicht ist es genau das, was wir brauchen nach unseren vielen Jahren der Sprachlosigkeit und schlechten Kommunikation.

Das Telefon klingelt. Mein Vater nimmt nicht ab. Es läutet zehnmal. Zwanzigmal. Dreißigmal. Keine Antwort. Mein Herz schlägt schneller. Meine Hände werden feucht. Dass mein Vater nicht antwortet, ist ungewöhnlich. Denn er kann sich mit seinem Telefon im ganzen Hospiz frei bewegen und ist überall erreichbar. Eine Möglichkeit, die er sonst auch gerne wahrnimmt.
Es klingelt weiter – ohne Erfolg. Ich lege auf und überlege, ob ich im Dienstzimmer oder meine Mutter anrufen sollte, oder ob ich überreagiere. Mein Herz schlägt weiter schneller als normal. Ist das wieder einer dieser panischen Momente, in denen ich denke, dass der Tod gewonnen hat? Dass ich das Ende verpasst habe? Jetzt schon?
Der Hustenanfall neulich war anders. Da saß ich direkt daneben. Da hätte ich ihn, wäre es hart auf hart gekommen, vielleicht noch retten können. Mein letzter Erste-Hilfe-Kurs liegt bestimmt zwanzig Jahre zurück, aber ich bilde mir ein, dass ich im Ernstfall dem Tod immer noch Paroli bieten könnte. Vielleicht würde ich keinen Luftröhrenschnitt mit dem Kugelschreiber hinbekommen, aber vieles andere schon. Doch im Gegensatz zu neulich bin ich jetzt dreihundert Kilometer von meinem Vater entfernt, ahnungslos und hilflos. Nur weil er das verdammte Telefon nicht beantwortet. Ich muss mich zusammenreißen. Ich muss! Ich muss! Ich muss! Ich merke, dass ich alles andere als vorbereitet bin auf diesen Moment, der am Ende des Countdowns steht. Ich behaupte es, ich tue so, manchmal sogar vor mir selbst. Aber es ist eine kleine, kindliche, feige, elende Lüge.
Ich atme ein, zähle bis vier. Halte die Luft an und zähle bis sieben. Atme aus und zähle bis acht. Ich wiederhole diese Prozedur ein paarmal, angeblich soll sie helfen, Ruhe und Gelassenheit in den Körper zu bringen. Als

genau das nach ein paar Minuten passiert ist, rufe ich noch einmal bei meinem Vater an. Es klingelt nur dreimal.
Mein Vater sagt: »Hallo.«
Ich sage: »Papa. Hallo. Wo warst Du denn?«
Mein Vater sagt: »Ich habe das Telefon im Badezimmer vergessen.«
Ich amüsiere mich über ihn. Und auch über meine leicht hysterische Panikattacke vor ein paar Minuten.
Ich sage: »Soll ich Dir eine Halskette für das Telefon kaufen? Dann lässt Du es nicht überall liegen.«
Mein Vater sagt: »Das lassen wir mal lieber.«
Ich frage: »Wie geht es Dir sonst?«
Mein Vater sagt: »Nicht ganz so schlecht.«
Wir haben neuerdings neue Kategorien, in die wir seine Zustände einteilen. Nicht ganz so schlecht klingt zwar nicht gut, ist aber, wenn ich ihn richtig verstehe, besser, als man meinen könnte.
Mein Vater fragt: »Warum hast Du gestern nicht angerufen?«
Ich sage: »Ich war zu schwach.«
Mein Vater sagt: »Guter Witz.«

45

Sommer 2015.
Mein Mutter sagte: »Michi, wo bist Du?«
Ich sagte: »In der Straßenbahn, wieso?«
Meine Mutter sagte: »Steig besser aus. Ich muss Dir etwas sagen.«
Ich sagte: »Um Gottes Willen. Was ist denn passiert?«
Meine Mutter sagte. »Dein Vater. Es geht ihm nicht gut.«

Ist es jetzt schon so weit? Vor ein paar Monaten gab es so viel gute Hoffnung. Ja, die Diagnose lautete auf Krebs. Nein, gar nicht so schlimm. Ja, Operation. Nein, keine Chemo. Schon damals bin ich hellhörig geworden. Lungenkrebs mit Lymphknotenbefall klang sogar für mich, also ohne Medizinstudium, nicht gerade nach einer rosigen Diagnose. Das habe ich meinen Eltern so deutlich nicht gesagt, aber es ließ mir keine Ruhe.
Immer wieder forderte ich von meinem Vater, vehementer aufzutreten, ein unbequemerer Patient zu sein.
Mein Vater sagte: »Ach, Michi, ich kann das nicht.«
Ich sagte: »Papa, Du musst. Es geht um Dein Leben! Oder muss ich erst kommen?«
Mein Vater lachte.
Mein Mutter sagte: »Tu nicht immer so, als wenn Du alles besser weißt.«
Ich sagte meiner Mutter trotzdem, sie solle notfalls auch auf die Tränendrüse drücken. Nur um sich den Ärzten gegenüber sichtbarer zu machen. Um vielleicht, wenn es hart auf hart kommt, ein besseres Verhältnis zu ihnen zu haben, damit wir notfalls eine bessere Chance haben. Wir? Er!
Es hätte mich stutzig machen sollen, dass mein Vater nicht einen behandelnden Arzt hatte, sondern viele. Ich hätte vehementer sein müssen, dass das Krankenhaus ihm nach seiner Lungenoperation nicht an einen Onkologen verwiesen hat, sondern ihn lediglich in einem halben Jahr wiedersehen wollte. Ich hätte irritierter sein müssen, als mein Vater mir erzählt hat, dass er sich gegen eine Chemotherapie entschieden habe.
Ich sagte: »Du warst dagegen? Bist Du jetzt Arzt?«
Mein Vater sagte: »Die Ärzte wissen schon, was sie tun.«
Ich sagte: »Indem Sie Dir die Entscheidung überlassen, wie Deine Behandlung fortgesetzt wird?«

Mein Vater sagte: »Die Operation ist gut verlaufen. Das ist das Wichtigste.«
Ich sagte: »Das Wichtigste ist, dass Du jetzt auch weiterhin in guten Händen bist.«
Mein Vater sagte: »Sie haben gesagt, sie würden mir weder ab- noch zuraten, eine Chemotherapie zu machen.«
Ich sagte: »Das kann doch nicht sein.«
Meine Mutter sagte: »Ich würde freiwillig auch keine Chemotherapie mehr machen. Das würde ich nicht noch einmal überleben.«
Ich sagte: »Aber Mama – Du hast vielleicht auch zwanzig Jahre überlebt, weil Du eine Chemotherapie gemacht hast.«
Mein Vater sagte: »Es ist gut jetzt.«
Ich sagte: »Nein, es ist nicht gut. Es geht um Dein Leben. Verstehst Du das denn nicht?«
Mein Vater sagte: »Ich lebe doch.«
Ich sagte: »Ja. Das sehe ich. Und das höre ich. Aber ich möchte, dass das auch noch ein paar Jahre so bleibt.«
Mein Vater sagte: »Dann hättest Du vielleicht doch besser Medizin studieren müssen.«
Zwischen der Erstdiagnose Lungenkrebs mit Metastasen und seinem Einzug ins Hospiz lagen knappe neun Monate. Zwischen der ersten Krebs-OP und dem Anfang vom Ende knapp fünf Monate. Einen Monat davor wurde die Metastase im Finger gefunden.
Hätte ich im Rückblick etwas ändern können? Oder sogar ändern müssen? Habe ich dem Schicksal seinen Lauf gelassen, weil ich gehofft habe, dass schon alles gut werden wird, wie ja immer alles gut geworden ist? Trage ich eine Mitverantwortung, eine Mitschuld am Verlauf der Krankheit meines Vaters und somit jetzt auch an seinem unausweichlichen Tod?
 Mich quälen diese Fragen schon länger. Aber ich traue

mich nicht, sie offen auszusprechen. Ich weiß, dass wir letztlich nur Figuren auf dem Schachbrett des Schicksals sind und nichts, aber auch gar nichts in der Hand haben. Aber ich weigere mich, zu glauben, dass wir nicht einen winzigen Teil des übermächtigen Schicksals mit beeinflussen können. Und wenn auch nur ein ganz kleines bisschen.
Muss also mein Vater sterben, weil ich zu beschäftigt, zu desinteressiert, zu wenig vehement, zu faul oder – und das sicher auch – zu schwach war? Ich hasse mich für diesen Gedanken, aber ich fürchte, die Antwort auf diese Frage ist: auch.

44

Dass meine Mutter gut backen kann, haben die meisten Leute ihr regelmäßig an Geburtstagen und anderen Familienfesten gesagt. Und mein Vater hat es ihr zumeist damit gezeigt, dass er auch dann in der Lage war, Kuchen zu essen, wenn andere Gäste schon sehr lange aufgegeben haben. Seine Vorliebe für Sahne spielt hierbei eine besondere Rolle: Schwarzwälder Kirschtorte brauchte meist einen extra Schlag Sahne, ebenso Stachelbeertorte oder die von ihm heiß geliebte Sauerkirschtorte, die meine Mutter selbst dann backen musste, wenn Kirschen gerade keine Saison hatten.
Mein Vater ist also einigermaßen verwöhnt, was Kuchen betrifft. Selbst Tortenböden kaufte meine Mutter niemals fertig gebacken. Und sie konnte sich oft tagelang damit beschäftigen, welchen Kuchen sie wann backen würde und wer wohl was am liebsten möge. Seit Jahren testet sie die unterschiedlichsten Strategien, wie ihr Kä-

sekuchen nach dem Backen nicht rund ein Drittel seiner Höhe einbüßt, selbst Maccheroni-Drainagen kamen bereits zum Einsatz. Leider brachten auch sie nicht den durchschlagenden Erfolg.
Meinem Vater war diese Kuchen-Artistik meines Erachtens immer relativ egal. Er aß auch verunglückte, umgekippte oder missratene Stücke. Süß, weich und cremig waren die einzigen Kriterien, die er gelten ließ.
Sein Leben lang träumte er davon, ein kleines Café zu eröffnen und tat es nie. Sein Vater war ein bekannter Konditor, und ich vermute, ohne es zu wissen, dass seine Begeisterung für Kuchen eine Art frühkindliche Prägung ist. Dass er seinen Traum mit dem eigenen Café nicht erfüllt hat, muss an ihm genagt haben, denn nicht nur einmal sprach er davon, dass ein solches Unterfangen eine Goldgrube sei, dass die Konditorei, in der sein Vater, mein Großvater, gebacken hat, ja nur noch ein Schatten seiner selbst sei und Handwerk ja überhaupt goldenen Boden habe. Dass er sich dieses Café in der Praxis so vorstellte, dass meine Mutter alle Torten backen würde und er vermutlich nur ein wenig repräsentieren wollte, das verschwieg er bei seinen Träumereien gern.
Sein Traum scheiterte an fehlendem Mut. Heute, viele Jahre später, gibt es viele solcher Cafés, Eisdielen mit Kuchen und Coffee-Shops in der Gegend, die er sich ausgesucht hatte – den Ort seiner und meiner Kindheit. Ich bin mir sicher, er wäre sehr schnell in der Gewinnzone gelandet, wenn er sich nur getraut hätte.
Auch diesbezüglich war er immer ein Negativbeispiel für mich. Seine Träume nicht zu leben, hat meinen Vater, was seine Karriere betrifft, langsam innerlich sterben lassen. Am Ende seines Berufslebens war er ein Mann, der Dienst nach Vorschrift machte und frustriert war von täglicher Langeweile. Das war jedenfalls immer mein Eindruck. Er

hätte es sicher selbst niemals so drastisch ausgedrückt. Denn natürlich hat er zuerst immer daran gedacht, seine Familie zu ernähren und seine Alimente zu zahlen, bevor es ihm in den Sinn gekommen wäre, sein Vergnügen, seinen Spaß an der Arbeit an erster Stelle zu sehen.
Dass er jetzt, mehr oder weniger unfreiwillig, durch die Torten meiner Mutter eine gewisse Bekanntheit erlangt hat, ist vermutlich wieder mal so ein merkwürdiger, ironischer Moment des Schicksals. Meine Mutter hat sich angewöhnt, fast jeden Tag einen anderen Kuchen oder eine andere Torte für die Hospiz-Bewohner und ihre Angehörigen zu backen. Hier und da lässt sie mir gegenüber fallen, dass ihr das eigentlich viel zu viel Arbeit sei. Aber da ich weiß, dass sie es nicht ernst meint, antworte ich meist gar nicht darauf.
Wenn wir mit meinem Vater im Wohnzimmer sitzen und »Kniffel« spielen, dann entgeht ihm nicht, dass die Torten meiner Mutter meist zuerst verteilt sind.
Mein Vater sagt: »Wir müssten Deinen Kuchen hier verkaufen.«
Er grinst und ist für fünf Sekunden ganz wie immer.
Meine Mutter sagt: »Wenn Dich jemand hört …«
Mein Vater sagt: »Spaß.«
Am Nebentisch sitzen Herr S., seine Frau und sein Sohn. Seit einigen Tagen spielen mein Vater und Herr S. kein Schach mehr, da sich sein Zustand verschlechtert hat. Er schläft noch mehr als sonst und hat sichtbar abgenommen.
Ich frage: »Wie geht es Ihnen?«
Herr S. sagt: »Gucken Sie mich an. Die Frage kann ich nicht beantworten, ohne unhöflich zu werden.«
Er lacht, ich lache, mein Vater lacht.
Herr S. sagt: »Aber der Kuchen wirkt Wunder. Sind Sie Bäckerin?«

Meine Mutter sagt: »Nein. Das hätte mein Mann gern, aber dafür reicht es nicht.«
Als mein Vater und Herr S. sich zum Rauchen auf die Terrasse setzen, erzählt uns Frau S., dass ihr Mann seit zwei Tagen nichts gegessen hat, dem Kuchen meiner Mutter aber nicht widerstehen konnte. Ich kämpfe schon wieder mit den Tränen, weil ich so gerührt bin, und meine Mutter und Frau S. umarmen sich.
Meine Mutter sagt: »Es ist nicht einfach. Ich freue mich, wenn ich etwas helfen konnte.«
Wir gehen zu meinem Vater und Herrn S. auf die Terrasse und setzen uns dazu.
Meine Mutter sagt: »Wollen Sie sich eine Torte wünschen?«
Herr S. ist auf einmal so hellwach, wie den ganzen Nachmittag noch nicht. Er guckt meine Mutter strahlend an.
Herr S. sagt: »Wirklich?«
Meine Mutter sagt: »Ja, nur zu.«
Herr S. sagt: »Dann wünsche ich mir Schwarzwälder Kirschtorte.«
Meine Mutter sagt: »Bekommen Sie!«
Mein Vater sagt: »Ich auch?«
Meine Mutter sagt: »Nein. Du hast ja noch nie Kuchen von mir bekommen ...«
Herr S. sagt: »Sie sollten das beruflich machen.«

43

Es ist Ostern. Mein Vater hatte mir zwar versprochen, darüber nachzudenken, ob er noch einmal für einen Nachmittag nach Hause kommen wollen würde, oder zu meiner Tante und meinem Onkel, damit wir dort

ein letztes Mal wenigstens kurz das Gefühl eines unbeschwerten Tages mit der Familie haben könnten. Doch dazu kommt es nicht. Mein Vater möchte nicht.
Ich sage: »Hast Du darüber nachgedacht, worüber wir gesprochen haben? Was Du mir versprochen hast?«
Mein Vater sagt: »Ja, Michi. Nein, Michi.«
Ich hole einmal tief Luft und versuche, so unemotional wie möglich zu klingen.
Ich sage: »Bist Du Dir sicher?«
Mein Vater sagt: »Ja. Sicher.«
Ich hole noch einmal tiefer Luft, damit ich unter keinen Umständen gestresst oder traurig oder wütend klinge. Ich glaube allerdings, es gelingt mir – wieder einmal – nicht.
Ich sage: »Aber Papa. Wieso denn nicht?«
Mein Vater schließt die Augen. Lange. Sehr lange. Er öffnet sie erst wieder nach mehreren, schweren Atemzügen.
Mein Vater sagt: »Nichts aber Papa.«
Ich sage: »Aber Papa, ich darf doch traurig sein.«
Mein Vater wackelt mit den Ohren, weil er genau weiß, dass er mich damit immer zum Lachen bringen kann. Immer noch, auch mit neununddreißig Jahren.
Ich sage: »Ich meine das ernst. Ich bin traurig. Ich weiß, dass es Dir nicht gut geht, aber ich wollte diese ganze Krebs-Scheiße mal zwei Stunden vergessen, und ich dachte, dass Dir das auch gefallen könnte.«
Mein Vater schließt die Augen erneut. Er macht eine Handbewegung, die mir zu verstehen geben soll, dass er jetzt gerne eine Zigarette rauchen würde. Ich habe seit fünfzehn Jahren nicht mehr geraucht, aber zünde sie in meinem Mund an – ohne zu inhalieren – und reiche sie ihm. Als er mich mit der Zigarette im Mund sieht, guckt er mich mit gespielter Empörung an und beeilt sich, sie

mir abzunehmen. Er nimmt zwei Züge hintereinander, öffnet die Augen und guckt mich wieder normal an.
Mein Vater sagt: »Krebs-Scheiße ...«
Ich sage: »Ja, Papa. Genau. Krebs-Scheiße. Ich kann das alles nicht mehr ertragen, und Mama auch nicht, und alle anderen auch nicht, und ich wollte mich, Dich, ich wollte uns alle einfach mal einen kleinen Moment lang belügen, dass alles ist wie immer, dass wir einfach mal wieder kurz sein können wie immer. Nur ganz kurz. Ich glaube, das täte uns verdammt gut.«
Mein Vater sagt: »Wie immer. Haha.«
Ich sage: »Du weißt, was ich damit meine. Uns läuft die Zeit weg. Wir werden vielleicht zusammen hundertzwanzig, wenn es gut läuft.«
Mein Vater zeigt mir einen Vogel. Gut rechnen kann er immer noch: Wenn wir zusammen hundertzwanzig werden würden, stünde mein Ende ebenfalls unmittelbar bevor.
Ich sage: »Es ist doch so. Ich ... ich wollte noch einmal ... nur noch einmal.«
Mein Vater sagt: »Und wenn ich nicht will?«
Ich sage: »Dann ist das sehr schade. Und traurig. Aber ich kann es nicht ändern. Ich kann Dich ja nicht hinschieben. Aber ohne Dich, ohne Dich macht das alles keinen Sinn, verstehst Du?«
Mein Vater sagt: »Nein. Nein. Nein.«
Ich sage: »Das ist nicht komisch.«
Mein Vater sagt. »Nein.«
Ich frage: »Wovor hast Du denn bloß so viel Angst?«
Mein Vater fordert eine weitere Zigarette. Ich bin zu schwach, um mich seinem Wunsch zu widersetzen.
Ich frage nochmals: »Warum nicht? Ich verstehe es nicht. Wie lange und wie oft hast Du mit Oma immer und immer wieder gesprochen, weil Du nicht verstanden

hast, dass sie nirgendwohin wollte nur wegen des Rollstuhls. Wie oft wollten wir sie irgendwohin ausführen und haben nie verstanden, warum sie nicht will. Du hast es nicht verstanden. Ich auch nicht. Und jetzt verstehe ich es wieder nicht.«

Mein Vater sagt: »Ich bin nicht Oma.«

Ich sage: »Aber Du bist mindestens genauso stur.«

Mein Vater sagt: »Nein. Nicht stur.«

Ich sage: »Dann fahren wir heute Nachmittag nach Hause. Es ist noch nicht zu spät. Mama kann ja zur Not auch Kuchen kaufen. Sie muss ja nicht selbst backen.«

Meine Mutter hat mir erzählt, dass mein Vater ihr von meiner Idee erzählt hat und dass er dabei sehr traurig war. Sie hat mir aber auch gesagt, dass sie nicht glaube, dass er es sich überlegt und noch einmal nach Hause kommen würde.

Mein Vater sagt: »Nein.«

Ich sage: »Tu es für mich, Papa. Bitte.«

Mein Vater nimmt zwei Züge aus dem Mundwinkel, und ich kann nicht erkennen, ob seine Augen wässrig werden, weil sie Rauch abbekommen haben oder weil er kurz davor ist, zu weinen. Ich hatte in letzter Zeit öfters den Eindruck, dass es ihm nicht unangenehm wäre, wenn man seine glasigen Augen auf den Rauch schieben würde, das erspart ihm dann unangenehme Nachfragen.

Mein Vater sagt: »Tu es für mich. Und hör auf.«

Ich sage: »Du kennst mich. Das kann ich nicht.«

Mein Vater sagt: »Und Du siehst mich. Ich kann nicht mehr. Und schon gar nicht nach Hause.«

Ich sage: »Ach, Papa. Ich würde alles tun, wenn ich Dir nur irgendwie helfen könnte, irgendetwas tun könnte, damit Du diese Angst nicht mehr hast.«

Mein Vater sagt: »Keine Angst.«

Ich frage: »Sondern? Was ist es dann?«
Mein Vater sagt: »Nicht … nicht noch einmal Abschied. Ich …ich will nicht mehr zurück. Mein Zuhause … ist … jetzt … ist … jetzt … hier.«

42

Fast jeden Tag bekommt mein Vater jetzt Besuch von Freunden, Bekannten oder Familienangehörigen, die ihn entweder lange nicht mehr gesehen haben oder die ihn gerne so oft wie möglich oder überhaupt noch einmal sehen wollen.
Mein Vater sagt: »Ich bin beliebter, als Du denkst.«
Ich sage: »Das weiß ich doch.«
Meine Mutter und ich sind meistens nicht dabei, weil wir denken, dass es schöner für die Besucher und für meinen Vater ist, wenn sie die Zeit allein miteinander verbringen können, da wir ihn ja sowieso fast jeden Tag sehen. Uns, besonders meiner Mutter, verschafft das Besuchsprogramm außerdem immer wieder kleine Auszeiten.
Wenn mein Vater noch schreiben könnte, dann würde er vermutlich genau Buch darüber führen, wer wann kommt und wie lange bleibt und gegebenenfalls auch noch, was er oder sie mitgebracht haben. Aber da mein Vater schon lange nicht mehr schreiben kann, muss er wie auf so vieles auch auf diesen Teil seines Lebens, die Buchführung, verzichten.
Je länger mein Vater im Hospiz lebt, desto öfter kommen Menschen, mit denen er nicht gerechnet hätte. Weil mein Vater verständlicherweise nicht zu seinem jährlich stattfindenden Klassentreffen gehen kann, kommen ein paar alte Schulfreunde einfach zu ihm. Sein

Schulabschluss liegt über sechzig Jahre zurück und noch immer treffen sich diese Männer regelmäßig.
Seine Ex-Frau besucht ihn mit meinem Bruder, der auf diese Weise ein paar schöne Momente mit seinen Eltern hat. Mein Vater ist seit über vierzig Jahren geschieden. Nie hat er freundlich über seine Ex-Frau gesprochen, allenfalls neutral, doch auch das hat der Krebs bewirkt: die Versöhnung mit ihr, die eigentlich schon lange überfällig war.
Sein bester Freund, der seit Jahren nicht mehr richtig laufen kann, besucht ihn ebenfalls. Noch vor kurzem hat er meinen Vater aus dem Ruhestand geholt und ihn seine Buchhaltung machen lassen. Sie kennen sich seit fünfzig Jahren, ich war an vielen Wochenenden, wenn mein Vater ihn in seinem Reifenhandel besucht hat, dabei und ich bin mir sicher, dass mein Vater sich auch ihm gegenüber immer eher wie ein großer Bruder gefühlt hat, der seinem kleinen Bruder aus der Klemme helfen musste. Er hat solche Dinge niemals thematisiert, aber immer gehandelt, ohne viel Wirbel zu verursachen.
Schon wieder bin ich irgendwie beeindruckt von meinem Vater und frage mich, warum ich so viele Dinge, so viele Facetten über viele Jahre einfach nicht gesehen habe oder sehen wollte. Aber so geht es mir ja gerade immer wieder. Ich beschließe, dass die Geschichte »Mein Vater und ich« neu geschrieben werden muss, wenn, ja wenn das alles hinter uns liegt.
Die Menschen nehmen Abschied von meinem Vater. Er merkt das. Er weiß das. Alle wissen es. Und er geht damit überraschend gut um, ohne jemals laut darüber nachgedacht zu haben, welche Menschen er noch sehen möchte. Diese Frage, wie so viele andere, ist bis heute einfach unbeantwortet. Und vielleicht ist es auch besser so, einige Dinge einfach so laufen zu lassen.

Es gibt Bewohner im Hospiz, die niemanden mehr sehen, die mit ihrem Schicksal und ihrem Ende überwiegend allein sein möchten. Mein Vater ist das genaue Gegenteil von ihnen. Ich glaube, dass mein Vater diese Besuche von den unterschiedlichsten Leuten, die alle eigentlich nichts miteinander zu tun haben, deren einzige Schnittmenge er ist, auf seine stille Art und Weise genießt. Sicherlich hätten alle Beteiligten einen anderen Anlass meinen Vater zu sehen vermutlich besser gefunden. Aber nun ist es so, wie es ist, also müssen alle Beteiligten eben das Beste aus der Situation machen. Zwar melden sich die meisten Besucher über meine Mutter an, die ihn dann jeweils fragt, ob es für ihn in Ordnung sei, diese oder jene Person zu sehen. Doch das ist nur eine Formalität. Bei keinem einzigen Besucher lehnt mein Vater es ab, ihn zu sehen.
Die Vormittage verbringt mein Vater jetzt öfters mit meinem Onkel, der ihm bei jedem Besuch einen Smoothie mitbringt. Dass mein Vater aber gar nicht gerne Smoothies trinkt, sagt er allerdings nicht meinem Onkel, sondern meiner Mutter und mir.
Ich sage: »Er meint es doch nur gut. Warum sagst Du es mir und nicht ihm?«
Mein Vater sagt: »Ich bin zu schwach.«
Ich sage: »Na, dann lass den Smoothie stehen und sag, Du trinkst ihn später, und gibst ihn Mama mit nach Hause.«
Mein Vater sagt: »Das geht nicht.«
Ich sage: »Dann musst Du es eben aushalten oder bietest Deinen Gästen eben einen Smoothie an.«
Er tut schließlich weder das eine noch das andere, und ich habe aufgehört, mich darüber zu wundern. Bei allen Überraschungen, die jeden Tag auf uns einprasseln, ist es hin und wieder ganz angenehm, wenn manche Dinge sich scheinbar niemals ändern werden.

41

Mein Vater sagt: »Ich bin richtig kaputt. Richtig kaputt. Ich weiß nicht, was ich habe. Ich bin hundemüde. Ich habe zwei Zigaretten geraucht. Mehr weiß ich auch nicht.«
Ich sage: »Das macht doch nichts.«
Mein Vater sagt: »Doch. Und Du kannst mir auch nicht helfen. So ist das, mein Hase. Lass uns nicht mehr darüber sprechen.«
Ich sage: »Müssen wir aber. Wir können ja nicht so tun, als wenn alles gut ist.«
Mein Vater sagt: »Nichts ist gut. Herr B. ist tot.«
Herr B. war einer der Bewohner im Hospiz, die mein Vater am Anfang kennengelernt hat und dessen Name er sich, obwohl sie nicht viel Kontakt hatten, merkwürdigerweise gemerkt hat.
Ich sage: »Das tut mir leid.«
Mein Vater sagt: »Ja. Sicher. Aber der war ja auch nichts mehr. Guck uns an. Wir sind hier alle nichts mehr. Viel ist nicht übrig von uns.«
Ich sage: »Also das, was ich immer sehe, reicht immer noch, mich haushoch im ›Kniffel‹ zu schlagen und immer hungrig zu sein. Ich finde, das ist schon ganz schön viel.«
Mein Vater sagt: »Na, wenn Du das sagst. Ich glaube das nicht.«
Wir reden eine Weile über das Wetter, über die Arbeit, meinen Onkel und meine Tante und versuchen, meinen Vater so gut wie möglich abzulenken. Wenn er zu lange schweigt, dann stelle ich eine Frage oder die Vermutung an, dass er eingeschlafen sei, was er stets empört verneint und das Spiel beginnt von vorn.
Das Gespräch plätschert auch deswegen so belanglos vor sich hin, weil ich nicht weiß, wie ich das eigentliche

Thema ansprechen soll. Noch immer habe ich mit meinem Vater nicht besprochen, wie er sich seine letzte Reise vorstellt. Was er anziehen möchte. Die Mitarbeiter vom Hospiz würden diese Kleidung dann gern gesondert in seinem Schrank aufbewahren, damit sie, wenn es so weit sein wird, uns mit solchen Fragen nicht stören müssen.
Ich bin mir eigentlich sicher, dass es meinem Vater völlig egal sein wird, welche Kleidung er trägt, wenn er das Hospiz mit den Füßen voraus verlässt. Ich weiß aber auch, dass mir dieses Gespräch mit ihm nicht erspart bleiben wird.
Immer dieses dumme Aufschieben, denke ich. Das geht mein Leben lang schon so, dass ich mit vielen wichtigen Dingen so lange warte, bis es fast zu spät ist. Einerseits, weil ich mich nicht gut entscheiden kann. Andererseits, weil ich auch aus dem Grund nicht gerne Entscheidungen herbeiführe, weil ich ihre Endgültigkeit in den meisten Fällen nicht sonderlich mag.
Ich habe mit meiner Mutter bereits kurz über dieses Thema gesprochen, und sie war überraschend gefasst und hat es in meinen Händen gelassen. Vorher dachte ich, das würde es mir leichter machen. Jetzt fällt es mir umso schwerer.
Meine Mutter sagt: »Ich habe Deinem Vater schon gesagt, dass wir seine Augenbrauen endlich mal schneiden müssten.«
Ich sage: »Und wie hat er reagiert?«
Meine Mutter sagt: »Nicht gut. Er hat es mir verboten. Er hat außerdem gesagt, dass er wieder aufwachen wird, wenn ich nach seinem Tod mit der Schere komme.«
Wir lachen beide und wissen, dass niemand von uns ernsthaft darüber nachdenken würde, meinem Vater für seine letzte Reise die Augenbrauen zu trimmen. Der Gedanke, dass eine Schere ihn allerdings wieder zum

Leben erwecken könnte, wenn es so weit ist, finden wir allerdings beide ganz reizvoll.
Ich sage: »Papa, wir müssen etwas besprechen.«
Mein Vater reagiert nicht. Vermutlich, weil er an meiner Stimme hört, dass ich von jetzt auf gleich in einen zu ernsten Modus umgeschwenkt bin.
Ich sage: »Ich kann Dir das nicht ersparen.«
Mein Vater sagt: »Was denn? Brauchst Du Geld?«
Ich sage: »Nein. Für Deine Zigaretten reicht das Geld noch.«
Mein Vater sagt: »Dann ist es ja gut.«
Ich sage: »Es geht um Deinen Tod.«
Mein Vater sagt: »Der kommt bald.«
Ich sage: »Es geht darum, was Du anziehen möchtest.«
Mein Vater sagt: »In der Urne? Ich will doch verbrannt werden.«
Ich sage: »Nein. Hier. Das Hospiz hat mich gefragt. Sie möchten das vorher wissen, damit wir, wenn es so weit ist, darüber nicht mehr nachdenken müssen.«
Jetzt ist es mein Vater, der einen Augenblick nachdenkt. Wie immer in letzter Zeit, wenn er nachdenkt oder sich konzentriert, schließt er die Augen, als ginge es auf diese Weise besser als mit der Welt um ihn herum.
Mein Vater sagt: »Ich weiß nicht. Meinen Pyjama.«
Ich lache. Und er auch, als er merkt, dass mich der Gedanke amüsiert.
Ich sage: »Also, Du kannst das sicher machen. Aber ich denke, die dachten eher an etwas Feierliches. Du sollst ja gut aussehen. Und nicht wie Kalle Arsch.«
Mein Vater lacht laut bis ganz kurz an die Grenze eines Hustenanfalls. Zum Glück können wir den noch abwenden, denke ich.
Mein Vater sagt: »Dann vielleicht ein weißes Hemd. Und eine dunkle Hose.«

Ich sage: »Ja, an so etwas hatte auch gedacht. Krawatte?«
Mein Vater sagt: »Nein. Ich gehe doch nicht ins Büro.«
Wir lachen beide wieder, dieses Mal etwas mit angezogener Handbremse, um nicht schon wieder einen Hustenanfall zu provozieren. Die Atmung meines Vaters hat sich in den letzten Tagen wieder verändert. Lachen scheint langsam kein gutes Mittel mehr zu sein, ihn abzulenken.
Ich sage: »Dann spreche ich mit Mama und wir bringen die Sachen mit. Ich schätze mal, Du hast hier kein weißes Hemd und keine dunkle Hose im Schrank.«
Mein Vater sagt: »Nein. Aber nicht neu kaufen. Und nicht die guten Schuhe. Die sind zu schade.«
Typisch mein Vater. Auch jetzt denkt er zielstrebig wieder mal ans liebe Geld.
Ich sage: »Nein Papa, keine Sorge. Deine Schuhe heben wir uns für eine andere Gelegenheit auf.«

40

Das Zuhause, das nicht mehr das Zuhause meines Vaters ist, wohl aber das meiner Mutter und irgendwie auch das von mir – obwohl ich schon lange nicht mehr dort wohne –, ist einerseits merkwürdig verändert ohne meinen Vater. Und andererseits nicht.
Vor über einem Monat ist er ausgezogen, obwohl ausgezogen es sprachlich sicher nicht ganz korrekt trifft, also sollte ich besser sagen, vor über einem Monat musste mein Vater sein Zuhause verlassen, es aufgegeben, wohl wissend ohne den Plan zu haben, jemals zurückkommen zu können. Doch auch wenn er physisch jetzt nicht mehr anwesend ist, scheint er es auf eine fast beunruhigende, verstörende Weise doch zu sein.

Seine Hausschuhe stehen dort, wo sie immer standen, als würden sie ihn, genauso wie wir, jeden Augenblick zurückerwarten. Seine Lederjacke hängt an der Garderobe. Sein Bett ist frisch bezogen. Seine Wäsche frisch gewaschen. In der Nachttischschublade liegen noch Socken, die er irgendwann mal zu Weihnachten geschenkt bekommen hat und an denen immer noch das Etikett hängt, weil er ja eigentlich noch keine neuen Socken brauche und sie deshalb noch für später aufbewahren könne. Seine Tabletten liegen an ihrem korrekten Ort. Ebenso sein Honig, seine Marmelade, seine Schokolade und seine Kekse sowieso und sein Senf. Seine Brotschneidemaschine wacht vom Schrank aus über die ganze Küche und seine unzähligen Pokale, die er über die Jahrzehnte bei Schachturnieren gewonnen hat, über das Wohnzimmer.

Sein Aftershave steht noch im Badezimmer und gelegentlich erwische ich mich dabei, wie ich mit geschlossenen Augen an dem Flakon rieche. Es ist wahrscheinlich ein einfacher Trick, aber für ein oder zwei Sekunden denke ich dann, mein Vater stünde tatsächlich unmittelbar vor meiner Nase.

Zu lange und zu oft darf ich es nicht machen, weil ich ansonsten schnell traurig werde und das wohlige Gefühl, das der Geruch auslöst, von der Realität überholt und übertüncht wird. Ich vergleiche den Effekt mit den Parfums meiner Mutter und bemerke eine sehr viel schwächere Reaktion, was vermutlich daran liegt, dass sie sich eine Wand weiter in der Küche aufhält.

Meine Mutter sagt: »Ich sehe Papa ganz oft.«

Ich sage: »Naja. Du bist ja auch jeden Tag bei ihm.«

Meine Mutter sagt: »Nein, das meine ich nicht. Ich sehe ihn abends im Sessel sitzen.«

Ich sage: »Und was macht er?«

Meine Mutter sagt: »Das ist nicht komisch.«
Ich sage: »Habe ich ja auch nicht behauptet.«
Meine Mutter sagt: »Er guckt mich an.«
Ich sage: »Und sonst nichts?«
Meine Mutter sagt: »Nein. Sogar wenn in den Nachrichten Sport kommt, guckt er nicht in den Fernseher, sondern zu mir.«
Ich sage: »Das ist nun aber doch komisch. Wenn wir ihm das erzählen, bekommt er einen schlimmen Hustenanfall vor Lachen.«
Meine Mutter sagt: »Ich werde es ihm nicht erzählen.«
Ich sage: »Ich auch nicht.«
Meine Mutter sagt: »Mir ist das unheimlich. Er ist überall.«
Ich sage: »Ich weiß. Er ist in uns, Mama. Er lebt in uns. Wir sind ein Teil von ihm.«
Meine Mutter sagt: »Geht es Dir auch so?«
Ich sage: »Ja. Aber ich sehe ihn nicht. Ich höre ihn.«
Meine Mutter sagt: »Und was sagt er?«
Ich sage: »Meinen Namen. Mein Hase. Solche Dinge. Er regt sich über Leute auf, die ich im Fernseher sehe.«
Meine Mutter fragt: »Werden wir verrückt?«
Ich sage: »Das sind wir doch sowieso.«
Meine Mutter sagt: »Ich meinte das ganz ernst.«
Ich sage: »Ich glaube nicht, dass wir verrückt werden. Das ist der Prozess des Abschiednehmens. Vielleicht ... vielleicht solltest Du mit jemandem reden. Nicht mit mir, sondern mit einem Profi.«
Meine Mutter sagt: »Ach was.«
Ich sage: »Du kannst ja Deine Ärztin mal fragen, was sie darüber denkt.«
Meine Mutter sagt: »Ich setze mich jetzt immer schon in seinen Sessel, damit er mich nicht anguckt. Das hilft.«
Ich sage: »Und ich mache Musik an. Dann höre ich ihn nicht.«

Meine Mutter sagt: »Wir sind verrückt!«
Wir lachen beide.
Ich sage: »Nein. Wir sind einfach sehr überfordert. Oder an der Grenze.«
Meine Mutter fragt: »Wann hört das auf?«
Ich sage: »Ich fürchte, es fängt erst an.«

39

Mein Vater sagt: »Ich werde immer schwächer.«
Der Pfleger sagt: »Ihr Vater kämpft gegen den Verfall.«
Ich sage gar nichts und schließe mich fünf Minuten auf der Toilette ein, um mich zu beruhigen.
Der Körper meines Vaters spielt verrückt. An manchen Tagen kann er gut sprechen, an anderen nur mit größter Mühe. Gelegentlich versagt seine Feinmotorik. Er kann stehen, aber nicht gehen. Er kann sich setzen, sich aber nicht drehen. Weil er sonst nur schwer vom Bett in den Rollstuhl käme, stellt er sich, wenn er vom Bett aufstehen will, auf eine Drehscheibe, wird um neunzig Grad gedreht und kann sich anschließend hinsetzen. Ohne diese Drehscheibe würde die ganze Prozedur mindestens eine viertel, wenn nicht gar eine halbe Stunde dauern, was ihn und manchmal auch uns überfordert.
Mein Vater sagt: »Wie Oma.«
Ich sage: »Und wenn schon. Bleibt alles in der Familie.«
Wir stehen voreinander und halten uns an den Händen. Wieder einmal will sich mein Vater strecken, doch heute gelingt es nicht ganz.
Mein Vater sagt: »Morgen wieder.«
Ich nicke, lächle und helfe ihm, dass er sanft im Rollstuhl landet.

Wir gehen in den Garten, damit mein Vater eine Zigarette rauchen kann. Da es ihm meistens nicht schnell genug gehen kann, gibt er seinem Rollstuhl mit seinen Füßen zusätzlich Schwung. Ein paar andere Bewohner sitzen um uns herum, und mein Vater gibt großzügig eine Runde Zigaretten aus.
Ich sage: »Lass Mama das lieber nicht sehen.«
Mein Vater sagt: »Tut sie ja nicht.«
Bevor wir ins Wohnzimmer fahren, um eine Runde »Kniffel« zu spielen, möchte mein Vater noch einmal in sein Zimmer fahren. Wie immer, wenn wir aus oder in sein Zimmer fahren, winken wir seinem Zimmernachbarn und seiner Frau zu. Er liegt im Koma, aber wir sind uns sicher, dass er es spürt, wenn wir ihn begrüßen.
Mein Vater lässt sich von mir an das Waschbecken fahren und fragt nach seinem Rasierer.
Ich frage: »Muss das jetzt sein? Du brauchst Dich doch nicht extra rasieren, wenn wir ins Wohnzimmer gehen.«
Mein Vater sagt: »Ja, jetzt.«
Ich sage: »Also gut. Du kannst ja versuchen, Dich zu beeilen.«
Mein Vater sagt: »Haha.«
Ich lasse meinen Vater allein und setze mich in seinem Zimmer ans Fenster. Auf seinem Nachttisch steht ein Foto von meiner Mutter, ihm und mir, das an seinem siebzigsten Geburtstag aufgenommen wurde. Wie jung wir alle aussehen, denke ich. Und wie gesund. Und ja, ein bisschen glücklich auch. Ich habe zwar damals immer mit meiner Mutter über ihre Frisur gestritten – zu kurz! – aber mein Vater sah mit siebzig aus wie das blendende Leben. Er hatte gerade eine Herz-OP hinter sich und aufgehört zu rauchen. Das schlug sich sofort in seinem Gesicht nieder. Vielleicht hätte man damals eine ent-

scheidende Weiche stellen müssen. Oder können. Vielleicht hat man aber doch gar nichts in der Hand.
Ich rufe: »Alles in Ordnung bei Dir?«
Mein Vater brummt: »Jaja ...«
Zwischen dem Foto auf dem Nachttisch und dem Mann im Badezimmer liegen knappe zehn Jahre. Wer das nicht weiß, würde sagen eher zwanzig. Der Krebs ist ein schlimmer Gegner, denke ich. Er zerstört nicht nur von innen, sondern auch von außen. Der Mann im Badezimmer ist ein Todgeweihter. Der Mann auf dem Foto sieht aus wie ein würdevoll gealterter Gentleman. Wie mein Vater wohl darüber denkt?
Ich gehe ins Badezimmer, weil ich denke, dass ich meinem Vater vielleicht doch irgendwie helfen kann oder muss. Als ich über seine Schulter sein Spiegelbild sehe, erschrecke ich mich kurz und heftig. Mein Vater sitzt zahnlos über dem Waschbecken und reinigt seine Prothesen. Wie alles, was mehr Feinmotorik erfordert, tut er auch das jetzt beinahe wie in Zeitlupe. Er bemerkt mich lange nicht, so dass ich ihn sehr lange beobachten kann.
Ich sehe einen alten, schwachen, eingefallenen Mann, ohne Zähne, im Neonlicht mit weißgrauer, pergamentartiger Haut und ebenso grauem Haar. Ich sehe einen Mann, der kaum mit der Zahnbürste umgehen kann, es aber trotzdem unbedingt will, egal wie lange es dauern mag. Ich sehe einen Mann, der nicht aufgibt. Immer noch nicht. Wie macht er das nur, frage ich mich. Woher nimmt er die Kraft, wenn ich doch schon lange Zweifel habe, ob ich selbst genügend Kraftreserven mobilisieren kann? Wieso hängt er so an diesem bisschen Rest Leben?
Als mein Vater mich im Spiegel bemerkt und ansieht, blitzen seine Augen auf. Er lacht ein zahnloses Lächeln, das mich einmal mehr erschrecken lässt.

Ich werfe ihm ein überdrehtes Zahnpasta-Lächeln entgegen und tippe mit meinem Zeigefinger an meine Schneidezähne. Mein Vater zuckt die Achseln und zeigt mir die Zähne in seinen Händen. Ich schüttele den Kopf und muss grinsen.
Ich sage: »Oh, oh. Papa, ich warte draußen bis Du fertig … angezogen bist.«
Mein Vater nickt und macht weiter.
Ich gehe wieder an seinen Nachttisch und betrachte das Foto. Unser Foto. Haben dieser Mann und der nebenan im Badezimmer, noch irgendetwas miteinander gemeinsam? Vielleicht, denke ich, sollte ich doch ein wenig mehr so sein wie er. Ein bisschen gelassener sein. Vielleicht noch ein wenig mehr loslassen. Es sind doch nur Zähne, denke ich. Warum erschrecke ich mich so sehr über diesen Anblick, dass er sich ebenfalls fast erschrocken hätte?
Mein Vater rollt mit seinem Rollstuhl aus dem Badezimmer und kommt langsam auf mich zu.
Er fragt: »Wie sehe ich aus?«
Ich sage: »Großartig.«

38

Sicher – der Tod, er trennt die Menschen hauptberuflich. Aber der Tod, er bringt sie scheinbar auch näher zusammen. Und zwar nicht nur die Familie, sondern auch vermeintlich Fremde.
Ich bin auf dem Weg ins Wohnzimmer, weil mein Vater schläft und ich eine kurze Auszeit brauche. Ich biege kurz vorher ins Badezimmer ab, schließe mich ein und lasse kaltes Wasser erst über meine Handgelenke und

dann über meine Stirn laufen. Ich sehe mein Spiegelbild an und atme tief durch. Das Neonlicht ist nicht gerade vorteilhaft. Es offenbart jede Pore, jeden Pickel, jede Falte. Die letzten Wochen haben Spuren hinterlassen. Ich sehe blass aus, die Schatten unter meinen Augen sind nicht zu übersehen, und die Falte zwischen den Augenbrauen, die ich von meinem Vater geerbt habe, wirkt noch tiefer als sonst. Was macht dieser Krebs nur mit uns allen, denke ich? Meine Mutter hat mehrere Kilos abgenommen. Ich scheine einen Altersschub hinter mir zu haben.

Ich möchte am liebsten noch länger hierbleiben, eingeschlossen und beschützt vor der Welt da draußen, mich verstecken vor den Blicken, den Eindrücken und den Fragen meines Vaters, meiner Mutter und allen anderen, auf die ich keine vernünftigen Antworten mehr geben kann.

Das Klo als Panic Room – auch nicht schlecht, denke ich. Ich schalte das Licht aus und sitze in völliger Dunkelheit neben dem Waschbecken auf dem Fußboden. Ich lege meinen Kopf auf meine Knie und versuche, an gar nichts zu denken. Nichts zu sehen – was nicht schwierig ist gerade –, nichts zu fühlen, nichts zu hören, nichts wahrzunehmen, einfach kurz ein Nichts im Nichts zu sein. Es gelingt mir kurz, zu kurz. Denn meine vermeintliche Ruhe auf dem stillen Örtchen wird durch ein energisches Klopfen an der Tür unterbrochen. Da braucht jemand diesen Ort wohl noch dringender als ich, denke ich, stehe auf, öffne die Tür, sage einem Mann, den ich nicht kenne, wahrscheinlich ist er ein Angehöriger, freundlich Hallo und gehe in Richtung Wohnzimmer.

Ich möchte etwas trinken, etwas lesen, einfach mal kurz für eine weitere Viertelstunde den Tod aus meinem Blickfeld schieben. Mein Vater schläft jetzt sowieso, ich kann also auch mal ohne ein schlechtes Gewissen kurz an mich denken. An meine Bedürfnisse, meine Gefühle, meine Kraft.

Als ich ins Wohnzimmer komme, sitzen die Angehörigen von Herrn S. am Tisch. Sie sehen genauso kraftlos aus wie die Person, die ich gerade noch im Spiegel gesehen habe. Einerseits ist es beruhigend, nicht allein zu sein. Andererseits bin ich für einen kurzen Moment noch ein bisschen trauriger, denn wir alle, meine Mutter, mein Vater und ich, haben Herrn S. in den letzten Wochen sehr lieb gewonnen. Trotz seines Schicksals war er immer höflich, zuvorkommend, charmant und meistens sogar ziemlich amüsant. Genau wie meinen Vater habe ich ihn in der Zeit, in der ich ihn kenne, niemals mit sich und seiner Situation im Hospiz hadern gesehen. Beide waren dankbar dafür, dass eine große Last von ihren und den Schultern ihrer Angehörigen gefallen ist.

Eine Weile sitzen wir schweigend nebeneinander. Fast automatisiert fragen wir uns gegenseitig dann zuerst, wie es Herrn S. und meinem Vater geht. Es ist schon ein paar Tage her, dass die beiden zusammen Schach gespielt haben. Beiden geht es nicht so gut, wie noch vor einer oder vor zwei Wochen. In den letzten Tagen haben die beiden, also Herr S. und mein Vater, sich kaum noch gesehen.

Frau S. sagt: »Wir müssen wohl bald Abschied nehmen.«

Ich versuche etwas zu sagen, doch meine Stimme versagt. Ich versuche nicht zu weinen, blicke zu Boden, aber es gelingt mir nicht. Diese zwei Menschen, die mir gegenübersitzen, sind völlig Fremde für mich. Fast völlig Fremde, wenn man von den zufälligen Begegnungen hier im Hospiz einmal absieht.

Ich setze noch einmal an, aber es gelingt mir wieder nicht.

Frau S. sagt: »Ist schon gut. Sie müssen nichts sagen. Ich weiß, wie es Ihnen geht.«
Es dauert eine ganze Weile, bis ich mich beruhigt habe. Es scheint so, als habe ich die Maske, die ich eine ganze Weile im Alltag getragen habe und die mich nach außen hin ein wenig stabilisiert hat, endgültig verloren. Noch nie in meinem Leben, wirklich noch nie, habe ich vor fremden Menschen geweint. Und schon gar nicht, weil ich weiß, dass die Beiden gerade ähnlich große Sorgen haben wie ich. Wir sitzen schweigend auf den Plätzen, auf denen Herr S. und mein Vater und ich immer saßen. Sie sind nicht weit weg, nur ein paar Zimmer weiter und schlafen, und doch ist es komisch ohne sie, denn als verbindendes Element zwischen diesen fremden Menschen und mir fehlen sie uns allen dreien.
Wir haben keine anderen Themen außer dem Sterben unserer Angehörigen und wie wir damit am besten umgehen. Wir haben nur unsere Tränen, die wir gemeinsam weinen können. Wir haben uns kennengelernt in einer Umgebung, in der der Tod noch ein wenig stärker ist als anderswo. Wir alle drei haben durchgehalten und wissen nicht, wie lange wir noch durchhalten müssen.
Ich sage: »Ich ... ich bin dankbar, dass wir uns getroffen haben. Es gibt kein Happy End, aber ich weiß, dass mein Vater Ihren Mann sehr mag. Und ich auch.«
Frau S. sagt: »Danke.«
Ich sage: »Ohne ihn hätte mein Vater bestimmt nie wieder Schach gespielt, und wenn die beiden auch nur ein paar wenige, gute Momente hatten, dann macht mich das sehr glücklich. Und tröstet mich auch ein bisschen. Die beiden sind viel stärker als ich. Ich wünschte, wir hätten uns woanders getroffen.«
Frau S. sagt: »Ja, das wäre schön. Aber man kann es sich nicht aussuchen.«

Ich sage: »Nein, das kann man nicht. Aber wenn ich es könnte, dann hätte ich Ihren Mann für meinen Vater als Freund ausgesucht.«
Jetzt weint Frau S. auch. Ebenso ihr Sohn und ich. Wie lange wird das wohl noch so gehen?
Wir sitzen noch eine Weile zusammen, sagen nichts mehr und versuchen, nicht wieder zu weinen. Ich bin froh, dass meine Mutter nicht dabei ist und mich nicht so sieht.
Nach einer Weile kommt mein Vater mit dem Rollstuhl ins Wohnzimmer gerollt und grinst, als würde er gerade eine Party sprengen.
Mein Vater sagt: »Hallo. Wo sind denn alle?«
Ich lache und hoffe, dass meine Augen nicht mehr allzu rot sind. Frau S. und ihr Sohn begrüßen meinen Vater freundlich und gehen.
Ich sage: »Hier. Wir wollten Dich nicht wecken.«
Mein Vater sagt: »Zeit für meine Zigarette.«
Ich sage: »Das dachte ich mir. Ich hole welche.«
Ich gehe ins Schwesternzimmer und frage nach den Zigaretten meines Vaters. Ich nehme gleich zwei mit, weil ich weiß, dass eine nicht ausreichen wird. Ich hätte am liebsten auch eine.

37

Mein Vater und ich sitzen schweigend im Wohnzimmer. Er in seinem Rollstuhl, ich daneben. Es ist Samstag und das Hospiz kommt mir noch ein bisschen stiller vor als sonst.
Ich bin heute schon früh zu ihm gefahren, was ihn überrascht, aber dann doch gefreut hat.

Wir sitzen im Wohnzimmer und spielen eine Runde »Kniffel«.
Mein Vater sagt: »Fast wie früher.«
Ich sage nichts, denn natürlich hat er allenfalls halb Recht. Wir brauchen jetzt doppelt so lange wie früher. Mein Vater kann nicht mehr schreiben, deshalb muss ich seinen Zettel parallel zu meinem ausfüllen. Außerdem muss ich für ihn mitdenken, weil seine Aufmerksamkeit ihm immer wieder Streiche spielt.
Manchmal sieht er Würfe, die er nicht hat. Manchmal errechnet er Summen, die nicht stimmen. Manchmal, eigentlich sogar ziemlich oft, landen ein oder zwei Würfel unter und nicht auf dem Tisch. Ich mache dann ein »Hui« oder »Hoppsa«, was meinen Vater meist sehr amüsiert.
Ich sage: »Ich merke das schon. Du hast Spaß daran, mich unter den Tisch zu schicken.«
Mein Vater lacht und sagt nichts.
Mir fällt auf, dass seine Hand ihm nicht mehr zu gehorchen scheint. Manchmal bewegt sie sich völlig unkontrolliert, manchmal offenbar gar nicht. Mein Vater hatte früher schon gelegentlich zittrige Hände, von denen wir zunächst dachten, dass sie sich als Parkinson herausstellen könnten, was sie nicht taten, aber so offensichtlich wie jetzt gerieten seine Hände noch nie außer Kontrolle.
Trotz aller Widrigkeiten schlägt mich mein Vater haushoch im »Kniffel«. Wir gehen anschließend eine Zigarette rauchen, was meinen Vater vorübergehend wieder zu vitalisieren scheint. Aber auch jetzt fällt mir auf, dass er seine Hände so wenig wie möglich benutzt und die Zigarette fast die gesamte Länge über vom Mundwinkel aus raucht. Ich frage ihn nicht, ob er meint, dass etwas mit ihm nicht stimmt. Ich sehe, dass er es selbst weiß.

Wir gehen wieder zurück ins Wohnzimmer und sind zum Mittagessen allein. Ich könnte, wenn ich mir vorher etwas bestellt hätte, auch etwas essen, aber ich habe keinen Hunger. Im Gegensatz zum Essen im Krankenhaus werden im Hospiz viele Speisen täglich frisch zubereitet und schmecken, wenn ich das Essverhalten meines Vaters richtig beurteile, sogar richtig gut. Nur heute scheinbar nicht. Als ich vom Badezimmer zurück ins Wohnzimmer komme, hat mein Vater weder etwas gegessen, noch etwas getrunken.

Er hält einen Löffel in seiner rechten Hand und zittert so stark, dass er weder den Weg mit dem leeren Löffel zum Teller schafft, geschweige denn den gefüllten Löffel zum Mund führen könnte. Das Glas fasst er gar nicht erst an.

Ich sage: »Nanu. Was ist denn hier los?«

Mein Vater sagt nichts, zuckt kurz mit den Schultern und blickt zu Boden.

Ich sage: »Soll ich Dir helfen?«

Mein Vater sagt nichts und guckt mich an.

Ich sage: »Das ist doch nicht schlimm.«

Mein Vater guckt mich weiter schweigend an.

Hilfe anzunehmen, ist offenbar das eine. Aber Hilfe von mir anzunehmen, ist noch mal eine ganz andere Dimension.

Ich nehme seine rechte Hand und führe sie langsam vom Teller zu seinem Mund. Ein oder zwei Versuche schaffen wir, doch dann gibt er auf und ich muss allein übernehmen.

Ich nehme abwechselnd von dem Spinat, den Kartoffeln und dem Rührei und füttere meinen Vater, der ohne mich in diesem Moment nicht mehr allein essen kann. Zwischendurch hole ich eine Schnabeltasse und gebe ihm auch einen Schluck Cola, denn mit einem norma-

len Glas hätten wir selbst mit meiner Hilfe eine riesige Sauerei gemacht.
Mitten beim Essen sackt der Kopf meines Vaters zur Seite, immer wieder fallen ihm die Augen zu. Selbst die Aussicht auf einen Milchreis zum Nachtisch hält ihn nicht wach.
Mein Vater sitzt neben mir, sein Kopf hängt in meine Richtung, seine Augen sind geschlossen, sein Mund ist offen. Ich halte seine rechte Hand in meiner linken Hand und in meiner rechten Hand seine Schnabeltasse. Mich überkommt eine gewaltige Traurigkeit, die sich nicht kontrollieren lässt. Sein Anblick, so klein, so schwach, so zerbrechlich, macht mich trauriger, als ich in den gesamten letzten Wochen gewesen bin.

36

Der Pfleger sagt: »Ihr Vater hat heute Nacht etwas zur Beruhigung bekommen. Er wollte immer wieder aufstehen. Es geht ihm besser als gestern.«
Ich nicke und lasse mir erklären, dass das Gerät, das jetzt an seinem Bett steht, ein Bewegungsmelder ist, so dass, wenn mein Vater in der nächsten Nacht wieder aufstehen möchte, sofort jemand kommt, um ihm zu helfen. Es scheint wieder so eine Phase zu sein, in der er mit aller Kraft versucht, stärker sein zu wollen als der Krebs. Ich beschließe, ihn nicht darauf anzusprechen. Erstens kann er seine Gesundheit wohl kaum noch aufs Spiel setzen, und zweitens würde ich mich wohl auch so lange es geht weigern, dem Tod liegend in die Arme zu fallen.
Ich frage: »Was machen die Schmerzen? Bekommt er Morphium?«

Der Pfleger sagt: »Nein. So weit ist es noch nicht. Er nimmt meistens nur etwas nach Bedarf. Mal mehr, mal weniger. Er ist sehr tapfer.«
Ich sage: »Oder stur.«
Der Pfleger sagt: »Ich denke, er kennt seinen Körper sehr genau und weiß, was er aushalten kann und möchte.«
Ich sage: »Ja. So war er schon immer. Lieber eine Tablette zu wenig als eine zu viel. Ich habe zwischendurch schon überlegt, ob es sinnvoll wäre, über ein Antidepressivum nachzudenken.«
Der Pfleger sagt: »Für Sie oder für Ihren Vater?«
Gute Antwort. Ich bin kurz irritiert, zeige aber keine Reaktion.
Ich sage: »Für meinen Vater. Er kam mir sehr oft sehr depressiv vor, und vielleicht würde ihm das helfen.«
Der Pfleger sagt: »Das können Sie mit dem Arzt besprechen. Die Frage ist allerdings, ob das Medikament noch anschlagen würde. Das dauert ja seine Zeit.«
Ich sage: »Ja. Zeit. Davon haben wir leider nicht so viel im Angebot momentan.«
Der Pfleger sagt: »Zeit ist relativ. Bei uns ist jede Minute wertvoll, meistens sogar wertvoller, als die Zeit, die die Menschen vorher miteinander verbracht haben, also bevor sie sie bei uns verbracht haben.«
Ich denke lange über diese Worte nach. Kann ich die Zeitabschnitte, die ich mit meinem Vater in unserem Leben miteinander verbracht habe, wirklich miteinander vergleichen? Können drei Wochen Urlaub mehr oder auch weniger bedeuten, als drei Stunden an seinem Bett zu sitzen, um seine Hand zu halten? Oder beginnen wir noch einmal, ein letztes Mal mit einer völlig neuen Zeitrechnung, wenn wir auf die Zielgerade einbiegen?
Es gab Jahre, in denen ich meinen Vater drei oder vier Monate nicht gesehen habe. In denen wir vielleicht nur

alle zwei Wochen miteinander telefoniert haben. Und auch dann nur sehr wortkarg miteinander waren, was immer dazu führte, dass mein Vater sich bei meiner Mutter über mich beschwerte, wie unhöflich ich ihm gegenüber mal wieder sei und so weiter und so fort. Heute bin ich mir gar nicht mehr so sicher, warum mir diese Gespräche damals so schwergefallen sind. Und ihm umgekehrt sicherlich auch.

Wenn ich also an unsere letzten drei Monate denke, dann wird mir übel bei dem Gedanken, wie viel Zeit wir verschwendet haben. Andererseits: In Wahrheit hat unsere wirklich wichtige Zeit miteinander gerade erst begonnen. Denn die Zeit, die wir früher hatten, war einfach nicht wirklich gut. Vielleicht sollte ich ihr also gar nicht unbedingt so viel und so lange nachtrauern. Oder mir keine Vorwürfe machen, dass ich mich schlecht oder zumindest nicht gut verhalten habe. Das zählt im Hier und Jetzt vermutlich sowieso nicht mehr.

Ich bewundere die Menschen, die meinen Vater jeden Tag versorgen. Wie viel Kraft sie aufwenden. Wie positiv und liebevoll sie sind, obwohl sie doch Dinge sehen, die die meisten Menschen schon nicht gut verarbeiten können, wenn sie nur einmal im ganzen Leben damit umgehen müssen.

Ich sehe meinen Vater an. Kann ich das Leid, den Kummer, die Krankheit und die Schmerzen ausblenden? Ja, ich kann. Denn vielleicht zum ersten Mal in meinem Leben sehe ich meinen Vater in diesen Tagen nicht mit den Augen, sondern mit dem Herzen.

Ich sitze lange neben seinem Bett. Weil ich meinen Vater nicht ruckartig wecken will, mache ich absichtlich ein paar Geräusche, die ihn wach werden lassen könnten. Ich putze mir leise die Nase, räuspere mich, tue so, als würde ich eine Haarsträhne aus dem Gesicht pusten.

Irgendwann, ich weiß nicht, nach wie vielen Viertelstunden des Wartens, öffnet mein Vater erst ein Auge, dann auch das andere und zwinkert mir zu. Er richtet sich etwas auf und gähnt wie ein kleines Kind, das sich anschließend den Schlaf aus den Augen reibt. Er guckt eine oder zwei Minuten auf die Uhr, so, als wolle er die Sekunden mitzählen. Als wolle er sehen, dass er noch Teil der Zeit ist.
Mein Vater hatte immer schon einen Uhrentick, der sich so äußerte, dass er jeden Abend bei der »Tagesschau« seine Uhr kontrollierte, ob sie auch wirklich zwanzig Uhr anzeigt oder im Laufe des Tages ein paar Sekunden gewonnen oder verloren habe, wie er es nannte. Wenn die Uhr nicht exakt genug war, begann eine komplizierte Prozedur, bis sie in den Augen meines Vaters wieder die richtige Zeit anzeigte. Und am nächsten Tag begann alles von vorn.
Mein Vater fragt: »Ist es zu spät?«
Ich sage: »Ist es nie.«
Mein Vater sagt: »Ich glaube doch.«
Ich frage: »Wieso denkst Du das?«
Mein Vater sagt: »Ich bin so traurig.«
Ich sage: »Wir sind alle traurig.«
Mein Vater sagt: »Ich werde immer schwächer.«

35

Die erste richtig schlimme Situation von vielen richtig schlimmen Situationen, von denen wir damals aber noch nicht wussten, dass sie schon bald folgen sollten, war die Frage, ob wir meinen Vater am Gehirn operieren lassen wollen oder nicht.

Es war kurz nach der Amputation seines Fingers. Alles schien wieder gut, er sagte, er sei mit einem blauen Auge und einem Mittelfinger weniger davongekommen. Doch dann veränderte mein Vater sich von heute auf morgen. Es war ein Freitag im November, an dem ich mich ausgesperrt hatte. Immerhin erst das zweite Mal in acht Jahren und das schlimmste daran war, laut meinem Vater, wie er mir nach dem ersten Mal mitteilte, nicht die Tatsache an sich, dass mir die Tür ins Schloss gefallen sei, sondern die Tatsache, dass ich den »Banditen« vom Schlüsseldienst 180 Euro in ihren gierigen Hals geworfen habe.
Als ich nun nach dem zweiten Mal bei meiner Nachbarin saß und wieder auf die »Banditen« Schlüsseldienst wartete, rief ich zu Hause bei meinen Eltern an – und mein Vater, der ans Telefon ging, erkannte mich nicht. Er sagte lediglich seinen Namen und Ja und Nein. Völlig ohne Zusammenhang, völlig ohne Sinn und Verstand. Als ich nach meiner Mutter fragte, legte er auf.
Dass sich Kinder erschrecken, wenn die eigenen Eltern sie nicht erkennen, ist sicher immer der Fall. Doch bei Alzheimer kann man sich wenigstens darauf vorbereiten. Mich traf dieser Schock von heute auf morgen.
Ich ließ mir vor meiner Nachbarin nichts anmerken und rief an dem Abend auch nicht noch einmal an. Ich dachte, es könne ja sein, dass er mich nicht gehört hat oder dass es irgendeinen anderen Fehler in der Leitung gab, so dass er jemand anderen gehört hat. Doch als ich am nächsten Morgen mit meiner Mutter sprach, war auch ihr aufgefallen, dass mit meinem Vater etwas nicht stimmte. Sie könne sich das nicht erklären, denn noch vor wenigen Tagen sei er mit dem Auto unterwegs gewesen, um Getränke einzukaufen. Sie könne aber jetzt nicht mit mir darüber sprechen, weil mein Vater neben ihr stehe und somit alles mit anhören würde.

Zwei Tage später wurde mein Vater ins Krankenhaus eingeliefert. Einen weiteren Tag später war klar, dass er eine Metastase im Gehirn hat und dass sich sein Zustand ohne Operation nicht verändern werden würde. Was also tun? Einer riskanten Operation zustimmen, nur um ein wenig Zeit zu gewinnen? Oder nach spätestens drei Monaten keinen Vater mehr zu haben und in diesen drei Monaten einen, wie die Ärzte sagten, Pflegefall? Dass mein Vater nur drei Monate nach dieser Entscheidung sowieso in ein Hospiz ziehen würde, das wussten wir damals freilich noch nicht. Damals hofften wir noch, eventuell einen letzten Sommer mit ihm verbringen zu können.
Es war das erste Mal, dass der Tod meines Vaters real wurde. Es war das erste Mal, an dem ich die Situation scheinbar verlassen habe, um sie aus der Vogelperspektive besser ertragen zu können.
Wir rangen einen Tag und eine Nacht mit uns. Wir waren gegen diese Operation. Dagegen zu sein fühlte sich furchtbar an. Es fühlte sich für mich so an, als würde ich meinen Vater über die Klinge springen lassen, weil ich damals schon nicht mehr an seine Genesung oder auch nur an einen Aufschub geglaubt habe.
Ich konnte es wie gesagt nicht wissen, aber ich hätte damals lieber drei schlimme Monate gewählt als vielleicht zwölf, maximal zwölf, und am Ende ebenso schlimme.
Dagegen zu sein fühlte sich auch deshalb so furchtbar an, weil ich mir dabei eingestehen musste, dass es mir vielleicht auch gar nicht so viel ausmachen würde, ob es nun drei oder zwölf Monate sein würden, die uns noch blieben.
Gott sei Dank entschied das Schicksal anders. Und in diesem Fall gegen meine Mutter und mich.

Mein Vater kam im Krankenhaus unter dem Einfluss des Kortisons wieder zu sich. Er entschied sich ohne einen Zweifel für die Operation. Es dauerte etwas über eine Woche, bis er für die Operation bereit war. Es waren rückblickend die letzten, relativ unbeschwerten Tage mit ihm. Er schlich sich mit den Pflegern und Krankenschwestern in die Raucherecke des Personals, er war gut drauf, er war optimistisch und voller Hoffnung. Wir gingen spazieren, wir aßen Kuchen. Und alles war irgendwie ein bisschen wie früher, nur mit dem Unterschied, dass mein Vater gerade ein paar Tage im Krankenhaus sein musste.

So wie er immer daran geglaubt hatte, dass er hundertzwanzig Jahre alt werden würde, so stark hat er auch daran geglaubt, dass er diese Operation überstehen wird. Ach was, dass er schon wieder gesund werde, sofern er denn nur wolle. Auch das war rückblickend das letzte Mal, dass er optimistisch war.

Meine Mutter und ich waren weiterhin gegen diese Operation. Aber wir akzeptierten seine Entscheidung. Denn wir wussten, dass es eh keinen Sinn machen würde, sich mit ihm auf eine Diskussion einzulassen. Womit mein Vater in diesem Fall ja auch völlig und unbestritten im Recht war, denn schließlich ging es um sein Leben und nicht um meines oder das meiner Mutter.

Die OP war ein Rückschlag auf ganzer Linie. Mein Vater konnte anfangs nicht mehr gut sprechen. Lebte tagelang wie in Zeitlupe und war selbst, das konnte man sehen, am meisten erbost darüber, dass die unbeschwerten Tage vor dem Eingriff jetzt auf einmal wieder Geschichte waren. Auch wenn sich sein Zustand langsam stabilisierte und verbesserte – er sollte nie wieder so sein wie vor der Operation.

Richtig war sie trotzdem. Das weiß ich heute. Denn ohne sie, wäre mein Vater ein Mann gewesen, der mich nicht mehr erkannt hat, der womöglich nur noch Ja und Nein gesagt hätte – und das wahrscheinlich auch nicht mehr lange – und mit dem kein Austausch mehr möglich gewesen wäre.

34

Als ich meinen Vater besuche, liegt er halb aufrecht im Bett und lacht mich an, nachdem er meine Stimme gehört hat. Es dauert einen kleinen Moment länger als normal, bis er mich erkennt, vielleicht eine Sekunde nur, aber seine Freude ist dafür umso größer und deutlicher zu sehen. Wahrscheinlich war sein Tag bisher nicht so gut, denke ich.

Wir haben uns erst vor wenigen Tagen zuletzt gesehen, eigentlich könnte man sogar noch die Stunden zählen. Aber ich hatte versprochen, mir diesmal nicht zu lange Zeit zu lassen mit dem nächsten Besuch.

In dieser Woche habe ich gleich mehrere Termine in Hamburg, so dass ich zwischendurch nicht wieder nach Berlin zurückfahren muss. Ich bin froh über das große Zeitfenster. Denn ich weiß mittlerweile, dass die Zeit noch gnadenloser ist, als ich es noch vor 66 Tagen angenommen hatte.

Wir haben noch 34 Tage. Das ist noch viel näher bei der Hälfte und ganz weit weg von der Null. Eigentlich kämen wir jetzt ins letzte Drittel. Die ersten beiden waren ja gar nicht so schlimm, denke ich, was soll uns also schon passieren?

Wenn wir uns Mühe geben, besonders wenn ich mir Mühe gebe, dann können wir immer noch eine gute Zeit haben. Ein paar Momente, die bleiben. Und viel-

leicht geht mein Plan sogar auf, vielleicht lässt uns das Schicksal eine Galgenfrist, so dass mein Wunsch doch noch aufgehen kann, bis zur Null zu kommen, um dann wieder aufwärts zu zählen.
Doch heute, ich merke es relativ schnell, heute ist etwas anders. Mein Vater liegt auf seinem Bett und seine anfängliche Freude über meinen Anblick ist schnell wieder seinem übermächtigen Alltag gewichen. In seinem Fall ist das neuerdings eine unbändige, kraftvolle Müdigkeit, die ihn nicht aus ihren Fängen lässt. Sie verschlingt ihn mit Haut und Haaren, und immer, wenn er sich kurz von ihr befreien kann, so scheint es, rächt sie sich an ihm mit noch größerer Kraft.
Meine Mutter sagt: »Das liegt an den Medikamenten. Sie haben ihm etwas gegeben, damit er besser Luft bekommt, glaube ich. Das macht wohl sehr müde.«
Ich sage: »Hauptsache, er hat keine Schmerzen.«
Meine Mutter sagt: »Morphium bekommt er wohl noch nicht. Das ist vielleicht ein gutes Zeichen.«
Ich sage: »Mama, sei mir nicht böse. Aber ich weiß nicht mehr, was gute und was schlechte Zeichen sind.«
Alle meine Versuche, meinen Vater aufzuheitern oder abzulenken, scheitern heute kläglich. Er hört mir zu, das sehe ich, denn manchmal lacht er, mal lauter, mal leiser. Manchmal guckt er mich an, aber immer wieder fallen ihm die Augen zu, wie bei einem Patienten, der jede Sekunde in den OP geschoben wird und gerade seine Narkose bekommt.
Auf alle unsere Vorschläge, die wir ihm machen, reagiert er entweder gar nicht oder sehr kraftlos und sehr ablehnend. Von einem auf den anderen Tag hat er aufgehört zu sprechen, so scheint es. Wenn er überhaupt etwas sagt, dann antwortet er lediglich mit Ja oder Nein.
Ich frage: »Hast Du Hunger?«

Mein Vater sagt: »Nein.«
Meine Mutter fragt: »Soll ich Dir noch eine Cola holen?«
Mein Vater sagt: »Nein.«
Mein Vater hat neuerdings flaschenweise Appetit auf Cola. Offenbar hat sich sein Geschmackssinn verändert, anders können wir es uns nicht erklären, dass er jetzt keinen Kaffee mehr mag, dafür aber kalte Cola. Das Problem, dass viele Patienten zu wenig trinken, hatten wir also nicht, jedenfalls bislang nicht.
Ich frage: »Willst Du vielleicht eine Zigarette?«
Mein Vater macht ganz kurz die Augen auf, doch sie fallen sofort wieder zu.
Mein Vater haucht: »Nein.«
Wir stellen sein Bett in die Waagerechte, damit er bequemer liegen kann, wenn er sowieso schon die meiste Zeit fast einschläft. Mein Vater hat nichts dagegen, jedenfalls entspannen sich seine Gesichtszüge merklich. Er scheint unsere Anwesenheit zu tolerieren, aber er scheint auch allein sein zu wollen. Ich begleite meine Mutter in den Garten, wo sie eine Zigarette raucht und ich einen Kaffee trinke. Wir gucken uns an und sprechen nicht aus, dass wir beide wissen, dass wir mehr Kraft brauchen werden, als wir bisher angenommen haben.
Den Nachmittag verbringe ich allein bei meinem Vater. Meine Mutter muss sich etwas ausruhen. Ich sitze an seinem Bett. Ich lese, wir hören Radio, wir schweigen. Ich kann meinen Vater überzeugen, dass es schöner wäre, meine Hand zu halten und nicht das kalte Holz des Bettes. Er nimmt meine Hand und lässt sie fortan nicht mehr los. Seine Haut ist weich und warm, und seine Hand sieht auf einmal so viel kleiner, so viel zerbrechlicher aus als meine. Und sie sieht schon gar nicht nach der Hand aus, die einmal die linke Hand meines Vaters war.

Immer wieder versucht mein Vater, mit seiner rechten Hand an sein Gesicht zu kommen, als säße eine Fliege auf seiner Nase. Doch er schafft es nicht. Auf halbem Weg muss er immer abbrechen. Auch an den Galgen, der über seinem Bett hängt und an dem er sich bislang immer hochziehen konnte, wenn er aufstehen wollte, kommt er heute nicht mehr. Er schafft nicht einmal einen Bruchteil der Entfernung.
Ich frage: »Was brauchst Du, Papa?«
Mein Vater antwortet nicht.
Ich frage mich, ob wir jetzt vielleicht doch schon am Ende angelangt sind. Alles, was mein Vater den ganzen Tag über gesagt hat, waren ein paar Jas und ein paar Neins. Nicht mal mehr mein Name oder der meiner Mutter wollten ihm heute über die Lippen kommen. Wir werden wohl keinen Dialog mehr haben, denke ich. Denn dass mein Vater nicht mehr sprechen wird, scheint mir in diesem Moment ziemlich endgültig zu sein.
Mein Vater atmet schwer. Jeder Atemzug klingt wie ein sich Strecken, ein Aufstehen gegen den Tod. Manchmal brummend beim Einatmen, manchmal stöhnend beim Ausatmen. Zwischendurch unternimmt mein Vater immer wieder einen zaghaften Versuch zu husten, der aber meist zum Scheitern verurteilt ist. Einmal schafft er es doch, so laut, so kraftvoll, dass ich mich erschrecke. Auch weil er mit einem Mal die Augen so weit und so erschrocken aufreißt, als stünde der Teufel vor ihm. Dann wieder Stille. Minutenlange Stille. So stille Stille, wie ich schon vergessen hatte, dass es sie gibt. Lange Atemaussetzer. Ich erwische mich dabei, dass ich glaube, mein Vater sei tot. Soeben unter meinen Augen gestorben, ohne dass ich es auch nur ansatzweise mitbekommen hätte. Was bist Du nur für ein Sohn, denke ich.
Ich frage: »Bist Du noch da, Papa?«

Mein Vater haucht: »Ja.«
Ein anderer Mensch ist nicht mehr da. Herr S. ist verstorben. Über dem Namensschild an seiner Tür hängt heute ein Schmetterling.

33

Der Pfleger sagt: »Ihr Vater hat ein Zwischentief. Das muss nichts heißen. Heute geht es ihm vielleicht nicht so gut, aber nächste Woche kann es schon wieder ganz anders aussehen. Gestern hat er ja noch normal gegessen. Sie müssen positiv bleiben. Aber irgendwann wird er in eine andere Phase übertreten. Die Schwäche wird immer stärker, sie geht über seinen Körper hinaus.«
Normal. Was ist das schon? Und ein Zwischentief? Mir erscheint dieses Zwischentief tiefer als alles zuvor. Nächste Woche. Wird es für uns, für ihn und mich überhaupt noch eine nächste Woche geben?
Ich sitze an seinem Bett, und mein Vater schläft fast den ganzen Tag. Es ist kein tiefer Schlaf. Hin und wieder macht er ein Auge oder auch beide auf, manchmal bewegt er die Augenbrauen, die mir jetzt noch buschiger vorkommen als sonst. Manchmal, so scheint es, schläft er mit offenen Augen, die ins Leere blicken, nicht reagieren. Manchmal ist er für einen kurzen Moment sehr anwesend und dann sofort wieder weg. Wo ist er bloß? Zwischen den Welten? Zwischen Leben und Tod? Oder hat er wirklich nur einen schlechten Tag?
Ob er sich schon auf seinen Abschied vom Leben vorbereitet? Er sieht eigentlich immer noch genauso aus wie letzte Woche. Oder vor vier Wochen. Ich kann den Tod, so wie ich ihn als Zivildienstleistender im Alten-

heim sich manchmal ankündigen gesehen habe, nicht erkennen.
Meine Kollegen damals, alle viel älter und erfahrener als ich, haben immer gesagt, dass man den nahenden Tod daran erkennen könne, dass sich eine Art weißes Dreieck zwischen Nase und Kinn bilde. Das kann ich bei meinem Vater auch nach genauerer Betrachtung – mit und ohne Licht – nicht erkennen. Eigentlich also kein Grund zur Beunruhigung, denke ich. Aber ich komme seit Tagen, eigentlich seit Wochen nicht mehr richtig zur Ruhe. Nichts, das ich mir gerne eingestehe, aber ich werde lange brauchen, um mich zu erholen. Ich spüre, dass der Einschnitt, den diese Zeit in meinem Leben hinterlassen wird, ein schmerzlicher sein wird.
Ich bin allein mit meinem Vater in seinem Zimmer. Ich müsste schlafen, aber ich mag nicht gehen.
Ich sage: »Papa? Schläfst Du?«
Keine Reaktion.
Ich sage: »Kannst Du mich hören?«
Keine Reaktion.
Mein Vater atmet ruhig und gleichmäßig. Immerhin etwas, denke ich.
Ich gehe zum Fenster und blicke in den Park, der das Hospiz umgibt. Zwei – unvermeidliche – Hasen tollen umher, die Sonne scheint. Ich drehe mich um und sehe, wie die Sonnenstrahlen zu meinem Vater auf sein Bett fallen. Er sieht friedlich aus, ein liebenswerter, älterer Herr.
Ich weiß nichts über die Liebe. Du und ich. Lieben wir uns? Haben wir es uns deshalb nie gesagt? Komisch, oder? Aber wie ich Dich jetzt so sehe, wie Du dort liegst, ohne Kraft, ohne Anteilnahme, ohne Aufmerksamkeit und ein bisschen ohne Verstand, frage ich mich – ist es die Liebe, die mich hier hält, bei Dir? Ist es die Liebe, die

mich über mich hinauswachsen lässt? Dass Du auch in der nächsten Sekunde noch da bist?
Ich bin Dein Sohn, und Du bist mein Vater. Aber was heißt das schon? Was hat das in den letzten neununddreißigdreiviertel Jahren schon bedeutet? Du und ich – wir waren kein Team. Wir waren zwei Ichs nebeneinander. Nicht weniger, aber auch nicht mehr. Ich und ich. Vater und Sohn und trotzdem kein Wir. Aber Liebe? Wo war die Liebe?
Ich habe sie lange nicht gesehen. Oder gehört. Gehört schon gar nicht, denn Du hast mir nie gesagt, dass Du mich liebst. Falls doch, dann muss ich es vergessen haben, weil ich zu klein war. Du hast es nicht mal spielerisch gesagt, wie Väter das manchmal so tun, weil sie es nicht anders können. Nicht richtig ernsthaft. Nicht so, dass sie auch meinen, was sie sagen. Solche Sätze wie: »Ich hab' Dich lieb.« Oder: »Du bist ein guter Junge.« Oder: »Das ist okay, was Du machst.« Oder: »Du bist gut so, wie Du bist.«
Liegt das an mir oder liegt das an Dir? Hätte ich noch genauer zwischen allen Zeilen zuhören müssen? Hätte ich – vielleicht – fragen sollen? Oder hätte ich Dir umgekehrt sagen sollen, dass ich Dich liebe? Auch liebe? Jetzt ist es nichtig. Zu spät. *Tom Dooley.* Wir können nichts mehr ändern.
Das, was nicht war, wird jetzt nicht mehr kommen. Und das, was ist, wird bald vorbei sein. Und das, was noch sein könnte, hat keine Bedeutung mehr für unsere Vergangenheit. Allenfalls für meine Zukunft.
Deine Zukunft ist begrenzt. Unsere auch. Meine ist hoffentlich noch ein wenig größer. Vielleicht werde ich verstehen, dass das, was wir nicht Liebe genannt haben, trotzdem Liebe war. Unausgesprochen. Keinem Muster folgend. Keinem Vorbild. Keinem Plan. Keinen Regeln.

Sondern einfach nur existent. Du und ich. Davon wird irgendetwas bleiben. Davon ist etwas geblieben, denn sonst wäre ich jetzt nicht hier. Oder? Irre ich mich?
Ich bin so unendlich traurig. Und so verwundert darüber, dass Du meine Hand stundenlang nicht loslassen wolltest. Dass Du mich nicht mal auf die Toilette gehen lässt. Oder dass ich mir nichts zu trinken holen darf.
Du willst nicht ohne mich. Deshalb, so vermute ich, hältst Du Dich weiter an mir und am Leben fest. Ich will nicht ohne Dich, Papa. Du fehlst mir jetzt schon. Hörst Du, was ich sage? Du fehlst mir jetzt schon! Ich weiß nicht, was werden soll, ohne Dich. Hörst Du mich? Hörst Du?

32

Der Zustand meines Vaters ist unverändert. Meine Mutter und ich sitzen an seinem Bett. Er hat nichts gegessen, nichts getrunken. Seine Lippen werden regelmäßig befeuchtet. Manchmal, so scheint es, würde er einen Tropfen von dem Wattebausch trinken wollen. Seine Augen sind überwiegend geschlossen.
Meine Mutter sitzt an seinem Fußende. Ich an der linken Seite meines Vaters. Ich halte seine warme, weiche Hand, die in regelmäßigen Abständen meine Hand drückt. Er ist offenbar im Halbschlaf, aber er bekommt ganz klar mit, was um ihn herum passiert.
Der Pfleger sagt: »Das Gehör ist der Sinn, der sich erst ganz zum Schluss verabschiedet.«
Das bemerke ich auch daran, dass, als im Radio »Upside Down« von Diana Ross, »Rockin' All Over The World« von Status Quo und »Paint It Black« von den Rolling

Stones läuft, mein Vater im Rhythmus der Musik seinen Zeigefinger auf meiner Hand bewegt.
Der Pfleger fragt uns, ob das Personal die T-Shirts meines Vaters aufschneiden dürfe, das erleichtere es, meinen Vater zu waschen. Wir stimmen zu.
Meine Mutter und verbringen ein oder vielleicht auch zwei Stunden überwiegend schweigend an seinem Bett. Im Gegensatz zu unserem Rhythmus der letzten Wochen sind wir heute schon vormittags gekommen. Meine Mutter steht manchmal am Fenster, manchmal sortiert sie etwas im Schrank meines Vaters, manchmal geht sie im Zimmer hin und her. Hin und wieder geht sie eine Zigarette rauchen, was mein Vater meist mit einer Mikrobewegung seiner Augenbrauen zur Kenntnis nimmt.
Ich spüre, dass ich nicht mehr oft allein mit meinem Vater sein werde.
Als mein Vater aufhört, die Musik mit seinem Finger zu begleiten, beschließen meine Mutter und ich, zum Mittagessen nach Hause zu fahren und am Nachmittag wiederzukommen.
Meine Mutter sagt: »Wie lange soll das bloß noch so gehen?«
Ich sage: »Das kann keiner sagen. Heute hat mir ein Pfleger gesagt, dieser Zustand kann sich auch noch zwei Wochen lang hinziehen.«
Meine Mutter sagt: »Aber er isst und trinkt doch nichts. Das hält er doch niemals so lange aus.«
Ich sage: »Hast Du nicht bemerkt, wie er sich festhält an unseren Händen? Er will noch nicht gehen, glaube ich.«
Meine Mutter weint. Ich auch.
Als wir am Nachmittag wieder ins Hospiz fahren, liegt mein Vater flach und frisch gewaschen auf seinem Bett. Dass er frisch gewaschen ist, rieche ich deutlich. Heute Vormittag roch er nach Krankheit, jetzt riecht er nach

Seife und Körperlotion. Sein Zustand ist unverändert. Er atmet ruhig und sieht friedlich aus.
Meine Mutter geht nah an ihn heran und spricht etwas langsam und etwas zu laut mit ihm.
Ich sage: »Mama, er ist doch nicht dement.«
Meine Mutter sagt: »Ich glaube nicht, dass er uns hört.«
Ich sage: »Ich glaube doch.«
Es ist ein sensibler Moment, denn ich ahne, dass wir uns streiten würden, wenn wir jetzt noch länger darüber diskutieren, wie viel von meinem Vater noch da ist und wie viel nicht mehr, deshalb versuche ich, nicht weiter auf meine Mutter einzugehen. In diesem Moment stelle ich endgültig fest, dass wir beide völlig unterschiedlich mit seinem nahenden Ende umgehen.
Meine Mutter scheint es zu beruhigen, wenn sie mit meinem Vater so spricht, wie sie es die letzten vier Jahrzehnte getan hat. So als sei alles wie immer. Ich gebe zu, dass auch ich diesen Ansatz manchmal verführerisch fand, weil er einen durchatmen lässt in einer Situation, die einem ansonsten fast ständig die Luft zum Atmen nimmt. Ich versuche es trotzdem genau andersherum: Ich habe mich in den letzten Wochen auf seine Geschwindigkeit, seine Kraft, sein Level herunter reduziert, weil ich angenommen habe, dass es ihn beruhigen würde. Ihn nicht unter Druck setzen würde.
Jetzt, da wir beide spüren, dass das Ende näher ist, als wir es uns wünschen, obwohl wir ihm beide wünschen, dass sein Leiden schnellstmöglich beendet sein wird, prallen unsere Philosophien ungebremst am Sterbebett meines Vaters aufeinander, und auch wenn ich Verständnis dafür habe, dass wir beide verschiedene Perspektiven einnehmen, möchte ich keinesfalls, dass einer zwischen unsere Fronten gerät – nämlich mein Vater.

Ich bin froh, als meine Mutter mal wieder eine Zigarette rauchen geht.
Ich sage: »Papa! Ich bin hier! Dein Hase ist hier!«
Meine Stimme bricht, als ich diese Sätze sage. Mein Vater drückt meine Hand und lässt die Augen geschlossen. Ich höre die Schritte meiner Mutter und versuche, mir nichts anmerken zu lassen.
Meine Mutter sagt: »Tut sich was?«
Ich sage: »Nein, nichts.«
Meine Mutter sagt: »Bleibst Du noch hier?«
Ich sage: »Ja.«
Ich habe die letzten drei Tage von Hamburg aus gearbeitet, muss aber am Abend zurück nach Berlin. Die U-Bahn, die mich zum Hamburger Hauptbahnhof bringt, von wo aus ich nach Berlin fahre, fährt direkt gegenüber vom Hospiz.
Meine Mutter verabschiedet sich erst von meinem Vater und dann von mir und fährt dann nach Hause. Es ist ihr anzusehen, dass sich auch ihre Reserven dem Ende zuneigen.
Ich setze mich zurück an das Bett meines Vaters und nehme seine Hand, diesmal die andere, die rechte, die mit den vier Fingern. Ich sehe ihn an, ich höre, wie er atmet, ganz regelmäßig, ohne Geräusche, sehe seine geschlossenen Augen, wie sie sich bewegen. Der Pfleger kommt ins Zimmer, um meinem Vater eine Spritze zu geben, damit er keine Schmerzen hat. Ich frage, woher er weiß, ob mein Vater Schmerzen oder keine Schmerzen hat, wenn er eigentlich nur schläft. Eigentlich eine unsinnige Frage, denn diese Menschen kennen den Körper meines Vaters wahrscheinlich besser als ich. Aber der Pfleger lacht und sagt, dass das Erfahrungswerte seien.
Er lässt uns wieder allein, und ich hasse mich dafür, dass ich nicht bleiben kann. Aber ich muss zurück nach Berlin,

ich muss saubere Wäsche holen und habe am nächsten Morgen einen Termin, den ich nicht verschieben kann. Ist er so wichtig wie mein Vater? Nein. Aber ich kann nicht mehr tun, als ich gerade schon getan habe.
Ich sage: »Papa! Ich muss gleich gehen, sonst verpasse ich den letzten Zug, und dann muss ich am Hauptbahnhof übernachten, und das willst Du bestimmt nicht …«
Mein Vater regt sich nicht.
Ich sage: »Ich muss morgen kurz ins Büro und bin dann übermorgen schon wieder hier.«
Keine Reaktion.
Ich sage: »Papa … Hörst Du mich? Ich weiß, dass Du da bist. Ich weiß, dass Du mich hörst.«
Keine Reaktion.
Ich sage: »Papa … Ich komme wieder. Ich verspreche es Dir. Es sind nur ein paar Stunden.«
Keine Reaktion.
Ich sage: »Ich weiß nicht, wie es Dir dann geht. Wenn Du mich also vorher noch mal sehen willst, dann mach jetzt die Augen auf!«
Keine Reaktion. Nichts, gar nichts. Leere, Stille, beängstigend und bedrohlich.
Ich sage: »Bitte! Ich weiß, dass Du mich hören kannst!«
Weiterhin nichts.
Ich sage: »Du kannst das. Ich weiß es! Mach die Augen auf!«
Eine Träne läuft aus dem rechten Auge meines Vaters. Ich höre ein Stöhnen und sehe seine Augenbrauen zucken.
Mein Vater haucht: »Michi … Michi …«
Für ein paar Sekunden öffnet mein Vater die Augen. Erst zögerlich, dann ganz. Diese braunen Augen, in die sich meine Mutter verliebt hat und die in diesem Moment so gütig, so liebenswert aussehen wie nie zuvor in meinem

Leben. Ich muss einen furchtbaren Anblick bieten, denn nicht nur meine Augen füllen sich mit Tränen, auch aus meiner Nase tropft es.
Ich sage: »Papa …«
Mein Vater sagt: »Michi. Tschüss, mein Michi.«
Blitzartig fallen seine Augen wieder zu. Eine weitere Träne bahnt sich ihren Weg auf sein Kissen.
Ich sage: »Ich hab' Dich lieb, Papa. Immer schon.«
Mein Vater schafft es nicht noch einmal, die Augen zu öffnen. Aber die vier Finger seiner rechten Hand drücken meine Hand fester, als jede andere Hand es könnte.
Ich sage: »Ich muss los. Ich komme wieder.«
Ich küsse meinen Vater auf die Stirn, nehme meinen Koffer und gehe zur U-Bahn.
Es ist Donnerstagabend, die U-Bahn ist voll. Auf dem Hauptbahnhof herrscht lebhaftes Treiben. Der ICE nach Berlin ist voll. Ich würde am liebsten allein in einem Abteil sitzen, aber ich fahre in einem dieser Züge, in denen es keine Abteile mehr gibt. Ich blicke aus dem Fenster und sehe die Sonne, wie sie groß und dramatisch am Horizont versinkt. Die Sonne, sie ist beinahe verschwunden, nur noch ein blutrotes Flimmern über der schier endlosen Landschaft am Rande der Bahntrasse.
Wird mein Vater noch einmal das Sonnenlicht sehen? Oder war diese Sonne, die eben untergegangen ist, seine letzte?

31

Ich frage: »Wie war die Nacht?«
Meine Mutter sagt: »Unverändert.«
Ich frage: »Ist Papa wach?«

Meine Mutter sagt: »Nein. Er war nicht ansprechbar. So wie gestern.«
Ich verzichte darauf, meiner Mutter zu erzählen, dass mein Vater gestern, als sie schon nach Hause gefahren ist, noch auf mich reagiert hat.
Ich frage: »Was sagen die Pfleger?«
Meine Mutter sagt: »Sie können nicht sagen, wie lange es noch dauert.«
Ich frage: »Glaubst Du, dass er leidet?«
Meine Mutter sagt: »Nein, er sah ganz friedlich aus. Er hat auch ganz friedlich geatmet.«
Ich sage: »Ja. Ich glaube, er hat es bald geschafft.«
Meine Mutter sagt: »Heute war Benny zu Besuch.«
Ich frage: »Welcher Benny?«
Meine Mutter sagt: »Na, Benny, mein Benny.«
Meine Mutter hatte über viele Jahre eine beste Freundin, von deren Rauhaardackel die beiden immer gesagt haben, meine Mutter sei seine Patentante. Mein Vater und Benny mochten sich nur dann, wenn Benny nicht zu viel bellte, aber über die Jahre haben sie einander respektieren gelernt, obwohl der Hund meine Mutter freilich viel lieber mochte, weil sie viele Jahre Hunde hatte und gut mit ihnen umgehen kann. Wahrscheinlich sind beide einfach älter geworden, war meine Theorie. Aus irgendeinem banalen Grund haben sich meine Mutter und ihre Freundin zerstritten, und nun sind beide zu stolz, einander die Hand zur Versöhnung zu reichen. Weil ich sie über den Zustand meines Vaters, mit dem sie immerhin auch fast zwanzig Jahre befreundet war, informiert habe, hat sie sich ein Herz gefasst und ist mit Benny ist Hospiz gefahren.
Meine Mutter sagt: »Benny hat Papa die Hand geleckt. Er hat nicht reagiert. Wenn er bei Sinnen wäre, dann hätte er Benny aber was erzählt …«

Ich sage: »Er ist zu schwach. Aber er hat es bestimmt gemerkt. Ich bin mir sehr sicher.«
Meine Mutter sagt: »Nein, Michi. Ich glaube, er merkt nichts mehr. Benny hat auch nicht gebellt.«
Ich sage: »Na siehst Du. Das hat Papa bestimmt gefreut.«
Mein Bruder, meine Tante und mein Onkel sind ebenfalls zu Besuch am Nachmittag. Auch bei ihnen zeigt mein Vater keine Reaktion. Meine Mutter und ich besprechen, dass ich am nächsten Morgen wieder nach Hamburg komme.

30

Es ist kurz vor Mitternacht. Ich liege in der Badewanne und versuche, mich ein wenig zu entspannen. Auf der Fensterbank steht ein Glas Rotwein. Ich weiß, ich werde mich morgen früh durch den Alkohol wie gerädert fühlen, wenn ich nur sechs Stunden Schlaf bekomme, aber ich brauche jetzt einfach ein Glas, um ein wenig Ruhe zu finden. Der Schlaf, er ist ein rares Gut geworden in diesen Tagen. Mein Vater hätte Zeit seines Lebens einen abfälligen Kommentar abgegeben, wenn er gehört hätte, dass ich allein trinke, aber ich vermute, dass er mich in dieser Situation hätte gewähren lassen. Und selbst wenn nicht, wäre es mir in diesem Moment gerade vollkommen egal.
Den ganzen Abend habe ich nichts aus Hamburg gehört. Meine Mutter wollte sich wieder melden, falls sich die Situation verändert. Und ansonsten sehen wir uns ja eh morgen früh.
Ich liege im Dunkeln und lasse das plätschernde Wasser auf mich wirken. Schon immer war das ein sehr beru-

higendes Geräusch für mich. Und schon immer habe ich am liebsten im Dunkeln in der heißen Badewanne gelegen, am liebsten in den Wintermonaten. Ganz wie mein Vater, nur mit dem Unterschied, dass er das Licht niemals ausgeschaltet hätte.
Ich denke: »Lebst Du noch, Papa? Bist Du noch da?«
Ich fühle nichts. Nur eine Leere, wie ich sie zuvor noch nie wahrgenommen habe.
Als Kind habe ich mehrmals, in der Schule und zu Hause, den Film »Yentl« gesehen, in dem Barbra Streisand sich als Mann verkleiden muss, um sich in einer von Männern dominierten Welt zu behaupten. Mir kommt der Titelsong in den Sinn. »Papa, Can You Hear Me?«. Ich weiß, dass ich weinen werde müssen, trotzdem will ich dieses Lied jetzt hören.
»Papa, Can You Hear Me?«
»Papa, kannst Du mich hören?«
»Papa, Can You See Me?«
»Papa, kannst Du mich sehen?«
»Papa, Can You Find Me In The Night?«
»Papa, kannst Du mich finden in der Nacht?«
»Papa, Are You Near Me? Papa, Can You Hear Me? Papa, Can You Help Me Not Be Frightened?«
»Papa, bist Du bei mir? Papa, kannst Du mich hören? Papa, kannst Du mir helfen, keine Angst mehr zu haben?«
Ich spiele das Lied auf meinem iPhone ab. Ich fühle nichts. Nur dass ich ahne, dass mein Vater nicht mehr am Leben ist.
Es ist seltsam, aber ich spüre ganz deutlich, dass mein Vater tot ist. Ich denke an ihn – und da ist nichts mehr. Keine Energie. Nichts. Ich bin nicht sonderlich spirituell, aber in diesem Moment bin ich mir sicher, wie man sich nur sicher sein kann, etwas zu wissen.

Sonst hatte ich immer ein Bild vor Augen, wenn ich an ihn gedacht habe. Im Krankenhaus, zu Hause oder jetzt im Hospiz. Ich sah sein Lachen, seine Augenbrauen, seine wackelnden Ohren, irgendetwas. Doch jetzt, jetzt sehe ich nichts.

Ich erschrecke mich, weil meine Mailbox eine SMS schickt. Das Telefon hat nicht geklingelt, aber offenbar hat trotzdem jemand versucht, mich zu erreichen. Mit unterdrückter, beziehungsweise nicht übertragener Rufnummer. Ich frage mich noch, wer mich denn nach Mitternacht anrufe würde, aber eigentlich ist es mir schon längst klar.

Meine Mutter ist auf meiner Mailbox. Sie spricht mit schwacher, zittriger Stimme. Ich höre, dass sie vor der Nachricht, die sie mir hinterlassen hat, geweint hat und unmittelbar danach wieder weinen wird.

Sie sagt: »Michi. Ich habe gehofft, Du bist noch wach. Das Hospiz hat eben angerufen ... Wir hören morgen. Bis dann ...«

Da ist sie. Die Gewissheit, die ich eigentlich nicht brauchte, weil ich es schon geahnt hatte, dass mein Vater tot ist. Es ist die Nacht auf Samstag, den 9. April 2016, und mein Vater ist gerade gestorben. Er wurde neunundziebzig Jahre alt. Nur, wie ich finde. Denn bis vor wenigen Monaten noch war mein Vater optisch und körperlich trotz einer nicht immer ganz so gesunden Lebensweise zehn Jahre jünger.

Ich rufe meine Mutter noch aus der Badewanne zurück. Wir weinen lange. Obwohl wir beide froh sind, dass mein Vater es geschafft hat und nun nicht mehr leiden muss. Mein Bruder, dem ich anschließend eine SMS schreibe, ist ähnlich erleichtert wie wir.

Wir wussten seit Wochen, ja, seit Monaten, dass dieser Tag kommen würde. Jetzt, wo er tatsächlich gekommen

ist, fühlt er sich einerseits schlimmer an, als ich befürchtet hatte, und doch ist er auch ein merkwürdiger Moment der Befreiung. Mein Vater hat es geschafft. Und wir auch.
Es ist meine erste Nacht ohne Dich, Papa. Ich weiß nicht, wie ich sie überstehen werde. Ich weiß nicht, wie ich morgen aufwachen werde. Ich weiß nur eines sehr genau: Ich bin endgültig kein Kind mehr.

EPILOG

Du bist seit fast zwei Jahren tot. Zwei Jahre. Das sind 730 Tage. 17.520 Stunden. Fünf Prozent meines Lebens. Das ist länger, als Dein Ende gedauert hat. Länger, als wir uns wirklich nahestanden. Doch nicht lange genug, den Schmerz zu lindern. Ich glaube, er hört nie auf.

Ausgerechnet! Ich hätte niemals erwartet, dass Dein Tod mich so sehr trifft. Ich dachte, ich komme schon irgendwie darüber hinweg. Schneller. Oder leichter. Ich dachte, ich kann gut ohne Vater sein, denn wir waren uns ja nie nah. Dachte ich. Wir waren uns näher, als ich wusste. Unausgesprochen. Es war einfach so. Jetzt bist Du weg. So lange schon. Und es vergeht kein Tag, an dem ich nicht an Dich denke. Manchmal rede ich mit Deinem Foto. Manchmal, wenn ich ganz stark bin, höre ich mir Deine Stimme auf meinem Anrufbeantworter an, als sei sie alles, was mir von Dir geblieben ist.

Ich habe mir dieses Ende so nicht gewünscht. Ich war so naiv und dachte, es geht immer weiter. Oder wenigstens noch ein bisschen. Aber immerhin: Wir haben die Kurve gekriegt. Du und ich.

Ich bin wahrscheinlich der einzige, der das so sieht in unserer Familie, aber das Hospiz war gut für Dich, gut für uns. Du konntest in Frieden gehen – mit Dir und mit uns. Denn am Ende waren nur die letzten drei Tage wirklich schlimm. Die meisten davor waren zwar anstrengend, aber eigentlich noch erträglich für Dich und für uns.

Der Krebs hat Dich getötet, Dich aber nicht zerstört. Ich fühle Dich. Mal stärker, mal schwächer. Aber Du bist bei mir. Und das macht mich glücklich. Warum Du erst sterben musstest, damit ich glücklich mit Dir sein kann, verstehe ich allerdings nicht.

DANKSAGUNG

Es gibt sehr viele Menschen, ohne die ich die Zeit, über die ich in diesem Buch geschrieben habe, vermutlich nicht gut überstanden hätte. Ebenso Menschen, ohne die ich dieses Buch vermutlich niemals geschrieben oder mittendrin abgebrochen hätte. Ihnen allen gilt mein besonderer Dank. Sie alle haben mich stärker gemacht und mir in vielen dunklen Stunden Halt gegeben.

Thomas – Es gibt nicht genügend Worte, die beschreiben, was Du mir bedeutest.

Julia und Roman – Wir kennen uns so lange und Ihr seid wie meine Familie.

Iris – Danke für vierzehn Jahre. Sie werden für immer bleiben.

Daniel – Danke für den gewohnt kühlen Kopf.

Maxi – Danke für Dein Lachen und Dein Herz.

Jutta und Herbert – Ohne Euch wäre alles viel schlimmer.

Britta – Du bist mehr für mich, als ich sagen kann.

Rudi – Wie wäre das Ende ohne Sie geworden?

Julia – Danke für die neue Freundschaft.

Sonja – Danke für die alte Freundschaft.

Frank – Danke für Deine Ohren und besonders für Dein Auge.

Marie, Emma und Fanny – Danke für jede Runde um den See.

Heidi, Özlem, Christiane, Sissi, Tanit, Nicole, Miriam, Michaela, Claudia, Jessica – Danke für den Alltag.

Hannes – Ohne Dich wäre es wohl nie zu diesem Buch gekommen.

Mama – Dass Du mich erträgst, mich machen lässt und mich gemacht hast, ist ein Wunder. Dass wir das alles überlebt haben, auch.

Für alle Lebensliebhaber bietet das Gütersloher Verlagshaus Durchblick, Sinn und Zuversicht. Wir verbinden die Freude am Leben mit der Vision einer neuen Welt.

UNSERE VISION EINER NEUEN WELT

Die Welt, in der wir leben, verstehen.

Wir sehen Menschlichkeit als Basis des Miteinanders: Mitgefühl, Fürsorge und Beteiligung lassen niemanden verloren gehen. Wir stehen für gelingende Gemeinschaft statt individueller Glücksmaximierung auf Kosten anderer.

Wir leben in einer neugierigen Welt: Sie sucht ehrgeizig und mitfühlend Lösungen für die Fragen unseres Lebens und unserer Zukunft. Wir fragen nach neuem Wissen und drücken uns nicht vor unbequemen Wahrheiten – auch wenn sie uns etwas kosten.

Wir leben in einer Gesellschaft der offenen Arme: Toleranz und Vielfalt bereichern unser Leben. Wir wissen, wer wir sind und wofür wir stehen. Deshalb haben wir keine Angst vor unterschiedlichen Weltanschauungen.

Das Warum und Wofür unseres Lebens finden.

Wir helfen einander, uns selber besser zu verstehen:
Viele Menschen werden sich erst dann in ihrem Leben zuhause fühlen, wenn sie den eigenen Wesenskern entdecken – und Sinn in ihrem Leben finden.

Wir ermutigen Menschen, zu ihrer Lebensgeschichte zu stehen:
In den Stürmen des Alltags geben wir Halt und Orientierung. So können sich Menschen mit ihren Grenzen aussöhnen und zuversichtlich ihr Leben gestalten.

Wir haben den Mut, Vertrautes hinter uns zu lassen:
Neugierde ist die Triebfeder eines gelingenden Lebens. Wir wagen Neues, um reich an Erfahrung zu werden.

Erfahren, was uns im Leben trägt und erfreut.

Wir glauben an die Vision des Christentums:
Die Seligpreisungen der Bergpredigt lassen uns nach einer neuen Welt streben, in der Vereinsamte Zuwendung, Vertriebene Zuflucht, Trauernde Trost finden – und Gerechtigkeit, Barmherzigkeit und Frieden herrschen.

Wir geben Menschen die Möglichkeit, den Glauben (neu) zu entdecken:
Persönliche Spiritualität gibt Kraft, spendet Trost und fördert die Achtung vor der Schöpfung sowie die Freude am Leben.

Wir stehen mit Respekt vor der Glaubenserfahrung anderer:
Wissen fördert Dialog und Verständnis, schützt vor Fundamentalismus und Hass. Wir wollen die Schätze anderer Religionen kennenlernen, verstehen und respektieren.

Bibliografische Information der Deutschen Nationalbibliothek

Die Deutsche Nationalbibliothek verzeichnet diese Publikation in der Deutschen Nationalbibliografie; detaillierte bibliografische Daten sind im Internet über https://portal.dnb.de abrufbar.

klimaneutral
powered by ClimatePartner°
Druck | ID 12559-1708-1001

FSC
www.fsc.org
MIX
Papier aus verantwortungsvollen Quellen
FSC® C014496

Verlagsgruppe Random House FSC® N001967

1. Auflage

Umschlagmotiv: www.pixabay.com
Druck und Bindung: GGP Media GmbH, Pößneck
Printed in Germany
ISBN 978-3-579-08704-7

www.gtvh.de